日本の女性・ジェンダーのいちばんわかりやすい歴史の教科書

飯田育浩

はじめに

私は、歴史関係の書籍を編集・制作する編集プロダクション「浩然社」の代表をつとめています。一般の読者に、日本史や世界史をわかりやすく解説する書籍を数多く制作してきました。歴史の解説書も著書として出版しています。

歴史本をつくるとき、特に児童書では、「男女バランスよく歴史上の偉人を取り上げたい」と常々考えていますが、日本史に登場する有名な女性といえば、卑弥呼や紫式部、北条政子などで人数はとても少なく、重要なできごとに関わる女性もあまりいません。「実はすごい」という女性も数多くいるのですが、一般書では取り上げにくいのが実情です（例えば、本阿弥光悦《ほんあみこうえつ》の母・妙秀《みょうしゅう》は驚嘆するほど素敵な女性なのですが、一般的な歴史本で紹介するのはマイナーすぎて難しいのです）。

一方、世界史では、クレオパトラやジャンヌ・ダルク、エリザベス一世、マリー・アントワネット、キュリー夫人など有名な女性が多いため、歴史本の編集をする立場からいえば、「つくりやすい」のです。日本史と世界史を比較すれば、人数からいって世界史に有名な女性が多いのは当たり前なのですが、「どうして、日本史に登場する女性は少ないのだろう」という疑問はいつも頭の片隅にありました。そして、「歴史の本をつくるなら、日本の女性史をちゃんと調べておきたい」

という気持ちが少しずつ膨らんできました。

また近年、選択的夫婦別姓や同性婚、男性の育休など、ジェンダー（身体的な性ではなく、社会的・文化的につくられる性）に関する話題がニュースで取り上げられることがしばしばあります。ただ、その議論の内容をよく見ると、歴史的経緯や事実についてあまり考えられていないのではと思うことがあり、気になっていました。例えば、「夫婦同姓は日本の伝統」という主張は、「いつ頃から始まったものが伝統か」という議論とセットになるかと思いますが、歴史的経緯が語られないことが多いように感じます。

女性の働き方に関する議論も増えていると感じています。現在、多くの企業で「ダイバーシティ」（年齢や性別・国籍などが異なる人々の共存）や、「インクルージョン」（多種多様な人々が個性を認め合い、能力を発揮できる状態）が推進されていますが、女性や外国人の採用人数を増やすといった「表層的でわかりやすい対策」が取られる傾向にあるといいます。真のインクルージョンを実現するには、女性社員が働きやすい環境を整えていくことが重要ですが、夫婦共働きでありながら、育児・家事の負担は男性より女性の方が大きいのが現実です。

私自身も、ひとり親として、ひとり息子を育ててきました。ワンオペ状態は予定どおりに物事が進んでいる状態だとなんとかなるのですが、特に子どもが小さいときは発熱したり怪我をするといった突発的な事態が起こると、仕事の予定が大きく崩れました。家事・育児と仕事を両立させていくのは、ほんとうに大変ですし、精神的に追い込まれることもあると思います。ワンオペ育児中の妻が夫の無神経な態度や言葉に怒ったといった記事を読むと、私自身もひそかに共感していました。

こうした経験が重なって、私は日本の女性史を調べ始めることにしました。仕事柄、歴史には詳しい方なので、日本史に登場する女性や、女性が関わるできごとについては、知識としてはある程度知っていました。ただ、「結婚史」「出産史」「職業史」など、テーマ別に時系列に沿って調べてみると、今まで気がつかなかった共通の傾向が見えてきました。それは、誤解を恐れずにざっくりいえば、古代の日本では男女は平等であったけれど、社会制度が整っていくにつれて女性が社会の表舞台から排除されていくというものです。そしてその影響は、現在の日本社会に根深く残っているということでした。どうして日本の女性がワンオペ状態になりやすいのかといった問題は、歴史から考える必要があると強く感じています。

女性史に関しては、優れた研究者による充実した内容の本が数多くあります。本来であれば、こうした本を多くの人に読んでほしいと思うのですが、専門的な内容の本が多く、気軽に読める本が少ないように感じています。私は長年、歴史をわかりやすく解説する本を制作してきたので、「この1冊を読めば、日本の女性史がざっくりわかる本」をつくれるのではないかと思い、本書を企画・執筆しました。女性問題だけに焦点を当ててメッセージを伝えるのではなく、歴史好きな人にも楽しんで学んでもらえるような内容を目指しました。性別や年齢を問わず、できるだけ多くの人に読んでもらえるように試みました。本書によって、日本の女性史や女性問題に対して興味をもつ人が少しでも増えてくれることを心より願っています。

飯田育浩

もくじ

Chapter
1

職業

profession

昔からいわれていた
「女性に向いている仕事」と
「男性に向いている仕事」。
性別と職業を結びつける偏見は
いつから生まれたのでしょうか。

現代の「職業」にまつわる声

「特定の職業」に「特定の性別」が就くという偏見は近年改善されてきてはいるものの、一部にはいまだ残っています。歴史を振り返る前に、現代の声を聞いてみましょう。

自分の能力を
活かした仕事がしたい

話題の
アンコンシャス・バイアス
についておさえておきたい

職業に
女性らしさ
なんかあるの？

「女性向きの仕事」は無意識の思い込み？

男性の保育士や看護師を見かけたとき、女性の大工やトラック運転手を見かけたとき、あなたはどう思いますか？「珍しいな」「大変だろうな」と感じる方が多いかもしれません。私たちは**無意識のうちに「男性らしい職業」と「女性らしい職業」のように、職業と性別を結びつけて**考えてしまうことがあります。このような、自分の中にある「男らしい」「女らしい」という無意識の偏見を**「アンコンシャス・バイアス」**といい、日本の職業観に根強く残っています。

近年では性別を問わずさまざまな職業に就くケースが増えてきましたが、それでもまだ職業によって性別の偏りが残っているのが現実です。日本では、保育士や看護師、歯科衛生士、栄養士などの「福祉ケア」と呼ばれる職業は、女性の就業者が大半を占めています。一方、土木や製造、建築などの分野で働く女性は、まだまだ少なく、外科医や理系の研究者、ITエンジニアなども、女性の割合が特に低い職業です。

「男は〜」「女は〜」は科学的根拠のない偏見

「男性は計算能力が高くて論理的」「女性は共感力が高くて感情的」などと耳にしたことがあるのではないでしょうか。しかし、これらには科学的な根拠は一切ありません。近年の研究によって、男女の間に心理的傾向や、学問的能力の差は存在しないことが明らかになっています。性別によって向いているとされる職業は、ほとんどないのです。しかし、いまだに思い込みや古い価値観をそのままに、**「男性向きの職業」「女性向きの職業」という考え方**をしている人もいます。

こうした、男女の職業に関する偏見や固定観念は、いつから生まれたものなのでしょう？　日本の女性たちが、どのように働いてきたのかを見てみましょう。

縄文時代は女性も狩りに出ていた？

男たちは狩りや漁に出かけ、女たちは家で子育てや料理、土器づくり……。縄文時代について、多くの人はそんなイメージをもっているのではないでしょうか。確かに女性は妊娠・出産・授乳を行うので、行動範囲が狭くなってしまいます。このため、狩猟を担当したのはおもに男性だと考えられてきました。

しかし、最近の研究結果では当時の人々は、必要なカロリーの大部分をクリやトチノミなどの木の実や貝類などから得ていたことが発掘された遺跡から明らかになっています。つまり、**狩りや漁で得る食料がメインだったのではなく、採集で得る食料がメインだったのです。**男性も女性も、一緒になって木の実や貝類を集めていたと考える方が自然でしょう。また、狩りが得意な女性は、男性と一緒に狩りに参加していたかもしれませんし、土器づくりには男性が参加した可能性もあります。

つまり、「男性だけが狩りに出ていた」という根拠はありません。しかし、現在のたいていの教科書に載っている縄文時代の想像図は、男性が狩りに出て、女性が炊事・土器づくりをしている場面が描かれています。女性が家を守っている間に男性が狩猟に出歩いていたと考えるのは、「男は外で働く」という現代風のイメージをあてはめているのかもしれないのです。

弥生時代に始まった稲作は男女共同が基本

弥生時代に日本に稲作が伝わると、男女は共同して米づくりに励みました。以後、**明治時代頃まで、日本人のほとんどは、農業で生活するようになりました。**弥生時代の銅鐸《どうたく》（釣り鐘型の青銅器）には、女性が脱穀をする姿が刻まれているので、脱穀は女性がメインに担当したと考えられますが、基本的には、男性も女性も一緒になって耕したり、種まきをしたり、稲刈りをしていたようです。下の図のように**糸をつむいだり、布を織ったりするのは、おもに女性が担当しました。**また、卑弥呼（↓P163）に代表されるように、女性は巫女として占いや祭りを担当しました。酒造りは祭りと結びついて神聖な仕事とされ、巫女などの女性が担当したと考えられます。

弥生時代、朝鮮半島より蚕《かいこ》の繭《まゆ》から絹糸をとる技術や、布を織る機織具《はたおりぐ》が伝わりました。女性が機織りをしていたことは、機織りの女性をかたどった埴輪が出土していることや、『万葉集』に女性による機織りの歌がいくつも収められていることからもわかります。

8世紀、中国にならって日本でも※律令《りつりょう》制が整えられると、国から6歳以上の男女に「口分田《くぶんでん》」と呼ばれる田地が支給されました。中国では基本的に、男性だけに口分田が支給され、男性だけが収穫物を税として納めましたが、**日本では女性にも口分田が支給され、稲を納めていました**（女性の口分田の面積は、男性の3分の2）。これは、当時の日本の家族は小規模かつ流動的なもので、中国のように夫を「家長」（家の代表）とする家族が成立していなかったためだと考えられます。

男性に与えられる口分田の方が女性よりも広かったのは、男性の方が広い面積を耕作できると考えられていただけでなく、男性には収穫した稲のほかにも、布や特産物、労役、兵役など、さまざまな税が課せられていたためと考えられます。男性に課せられた税は、女性よりもはるかに重かったのです。

このため、男性であれば女性より広い口分田を与えられるにもかかわらず、性別を女性と偽って戸籍に登録する「偽籍《ぎせき》」が頻繁に行われました。

古代の職業に関する用語

「口分田《くぶんでん》」

国から人民に支給された田地のこと。6歳以上の男性には田2段《たん》（約2400㎡）、女性にはその3分の2（約1600㎡）が与えられ、収穫高の3%が租《そ》（税）として徴収された。

※律（刑法）と令（行政法）を基本法とする中央集権的な国家体制。

平安時代に田植えが女性の仕事として定着

平安時代初期になると、口分田の制度が崩壊し、荘園《しょうえん》と呼ばれる私有地が広がっていきます。この頃から、**田植えの作業は、「早乙女《さおとめ》」という言葉があるように、おもに女性が担当するようになりました。**その後、「田植えは女性の役割」というイメージは、明治時代以降まで受け継がれていきます（男性は田植えのときに楽器を演奏したり、歌を歌ったりして、早乙女を囃《はや》し立てる役目をしていました）。

また村には、村人の農作業の指揮をする「里刀自《さととじ》」と呼ばれる女性（刀自は女性の尊称）

室町時代の田植えの様子で、早乙女たちが田植えをする場面が描かれています。男性たちは苗を運んだり、田楽（豊作を祈る歌舞）を舞ったりしています。

出典：ColBase「月次風俗図屏風」東京国立博物館所蔵

古代の職業に関する用語

「早乙女《さおとめ》」

稲の苗を水田に植える女性のこと。古くから田植えは、田の神に豊作を祈る祭日でもあったので、子を産む女性の霊的な力が、稲の生育によい影響を与えるとされた。

がいました。里刀自は、酒造りや稲の貸し出しによって富豪に成長し、農地を経営する者も現れました。**古代の女性には、財産を所有する権利だけでなく、財産を運用する権利もあったのです。**

しかし10世紀以降になると、農地を経営するのは、ほとんどが男性になります。これは、男性が「家長」として家族をリードするようになったためだと考えられます。

鎌倉時代の夫婦は共同で家を経営した

鎌倉時代に、嫁入婚《よめいりこん》（↓P34）が定着すると、夫婦で「家」を経営するという考え方が広まり、農民の夫婦は共同で農作業などを行いました。家庭では、妻がおもに家事を担当し、洗濯や水くみなども女性の仕事とされました。台所仕事は男女ともに参加していましたが、魚や肉などを切るのは男性で、煮炊きは女性といった分業があったようです。このように、「家」の内部では、夫婦の役割は違っていましたが、比較的平等な関係を築いていたと考えられています。

このほか、**妻の仕事として重要だったのは、麻や絹などの糸をつむいだり、染めたり、織ったりすることでした。**衣料や織物の生産は、古来、女性専門で、生産された織物などは税として徴収されたので、妻が果たす責任のある仕事でした。

鎌倉時代には夫の死後に権限を握る女性がいた

鎌倉時代は、比較的女性の地位が高く、各地の荘園（私有地）や公領《こうりょう》（公有地）を管理する「地頭《じとう》」は、幕府が御家人《ごけにん》（将軍に仕える武士）に任命しましたが、**女性の地頭も珍しくはありませんでした。**武士の一族の代表者が女性の場合もあったのです。また、鎌倉時代は分割相続だったので、武士の妻は領地を子どもたちに適切に相続させ、相続争いが起きないよう監督することが重要な役目でした。夫の死後、**出家して家に留まった女性は「後家尼《ごけあま》」と呼ばれ、夫の家長としての権限を引き継ぎました。**

親から譲られる領地は、一般的に男性よりも女性の方が少なかったのですが、相続した領地は女性でも自分の意思で運用したり、処分したりすることができました。しかし、分割相続が代々続くと、領地はどんどん小さくなっていき、貧しい武士が増えていきます。これを防ぐため、※嫡子《ちゃくし》が、多くの土地や財産などを相続するようになっていきました。一族の土地や財産を嫡子に独り占めさせることで、一族の力を保とうとしたのです。このため、女性が相続する土地や財産も少なくなり、**女性が自分の子に領地を譲ったり、自分の領地を売ったりすることも難しくなっていきました。**

農民の村でも、年貢を納めるのは、ほとんどが男性となり、公的な立場としては、女性は土地に対する権利をもてなくなってしまいます。しかし、女性が寺院に田畑の利益を寄付した記録などが残っているため、実際には土地に関する何らかの権利をもっていたと考えられます。

※家の跡継ぎのこと。通常は長男。

室町時代には女性も多種多様な職業に従事

室町時代になると、商人や職人など、農業以外の分野で活躍する女性が増えていきます。当時の町の様子を描いた絵画には、呉服屋や扇屋、魚屋などで働く女性たちが多数描かれています。柴や薪、炭などを売る大原女《おおはらめ》や、川魚などを売る桂女《かつらめ》など、京都近郊からの行商人も女性でした。古来、酒造りは女性の仕事で、女性の酒造業者の中には、金融業を営む者もいました。**商人や職人の同業者組合である「座」の責任者を女性がつとめることもありました。**しかし、戦国時代が終わる頃には、座も家業も、男性が代表をつとめるようになり、女性は公的な経営権を失っていきます。女性の仕事だった酒造りも、男性の仕事として認識されるようになり、さらには、女性を穢《けが》れとみなして、酒造りの現場への立ち

大原女は、大原（京都市左京区）から柴や薪、炭などを頭にのせ、京都の町へ売りにきました。頭を白い布で巻いた桂女は、桂の里（京都市西京区）から京都の町にきて、鮎やうるか（鮎の腸）、飴などを売り歩きました。

入りを禁止するようになるのです。

江戸時代に女性が活躍できる職業は少なかった

江戸時代には、**結婚した夫婦は「家」を守り、受け継ぐことを第一の目的として、共同で働くようになります。**農業だけでなく、商業や工業の分野においても、「家業」は「家」単位で経営され、受け継がれ、女性は家の代表をつとめることができなくなります（経営者として表立つことはなかったけれど、実際に家業を切り盛りする妻はいました）。このため、女性の商人や職人は、どれだけ優秀でも、例外的な存在として扱われるようになってしまったのです。そして、女性の仕事は「行商」のほか、「賃仕事《ちんしごと》」と呼ばれる内職的な仕事になっていきます。

また、商品経済が発達していくなかで、**農村の女性は、農作業や家事の合間を縫って織維製品をつくり、家計を支えました。**綿や菜種、桑（蚕《かいこ》のエサ）、藍（染料）などの商品作物の栽培も盛んになり、綿の生産や蚕（生糸の原料となる繭《まゆ》をつくる昆虫）の飼育は、おもに女性が担当しました。

農村出身の女性が、商家や豪農などに一定期間、住み込みで労働する**「年季奉公」**も広く行われました。しかし、女性奉公人の賃金は男性より安く、性被害を受けやすいといった問題がありました。このほか、庶民の教育施設である**「寺子屋」**で、子どもたちに「読み・書き・そろばん」などを教える女性の師匠も日本各地にいたことがわかっています。

江戸時代の後期には、**料金を取って女性の髪を結う「女髪結《おんなかみゆい》」が、女性の職業として成**

立しますが、幕府は「女は自分で髪を結うべき」として、女髪結を禁止しました。しかし需要があったので、女髪結は非合法な仕事として定着していきます。

女髪結は、摘発されると厳しい処分を受けましたが、姿を消すことはありませんでした。幕末の江戸には約1400人の女髪結がいたといわれています。

出典：長崎大学附属図書館所蔵

明治時代には繊維製品の生産に女性が携わる

明治時代になり、男性が戸主《こしゅ》（「家」の責任者）になる「家制度」（↓P38）が確立すると、女性の公的な立場は、ますます弱まっていきました。

当時、ほとんどの庶民は農業に従事していましたが、工業の発展を目指す明治政府は、製糸や紡績などの繊維産業の近代化を推し進めました。当時の日本は、安価な繊維製品を輸出して稼いだ外貨で、軍備を整えていました。そのため、生糸の生産を増やすことが求められ、養蚕業は全国で急速に発展します。**蚕の飼育など、養蚕業を支えていたのは、農家の女性たちでした。**

安価な繊維製品を生産するために工場に集

近代日本の繊維産業は、若い女性の安い労働力に依存していました。彼女たちの大部分は、貧しい家庭から売られるように工場に出されました。

出典：岡谷蚕糸博物館所蔵

められたのは、農村出身の貧しい女性たちでした。彼女たちは「出稼ぎ女工」で、寄宿舎で集団生活をさせられ、劣悪な労働環境の中、低賃金（男性の約2分の1）で1日に14時間以上（繁忙期には18時間）も働かされました。休日も年末年始と旧盆のほかは、ほとんどありませんでした。**日本の工業化は、彼女たちの厳しい労働によって支えられていたのです。**

また、工業化に必要なエネルギー源として石炭が大規模に採掘されるようになると、多くの女性たちが炭坑で働くようになりました。彼女たちは「女坑夫」と呼ばれ、おもに夫や親に協力するかたちで働きました。

戦前の日本では女性は官僚になれなかった

肉体労働者として酷使される女性が増える

一方で、女性が社会的地位の高い職業に就くことが難しい状況は続いていました。例えば、明治時代の初期、女性は医師になるための国家試験を受けることさえできませんでしたが、荻野吟子《おぎのぎんこ》（→P70）は、数々の困難を克服して、1885（明治18）年、国家資格をもつ日本初の女医になりました。

官僚になるための国家試験も、男性しか受けられませんでした。第二次世界大戦前まで、女性でも非常勤職員として採用されることがあり、その中から下級官吏として登用される女性もいましたが、政府の政策に携わるような仕事はできなかったのです。

大正時代の職業婦人は結婚後に退職した

大正時代には、女性の社会進出が進みます。それまでの女性教員や女医、産婆（現在の助産師）、看護婦（現在の看護師）、保母（現在の保育士）などの専門職に加え、電話交換手やバスガール（バスの車掌）、エレベーターガール、タイピスト（タイプライターを打つ職業）、ウェイトレスなど、新しい職業につく女性が増えました。この時代の働く女性たちは**「職業婦人」**と呼ばれ、人気や注目を集めます。

しかし、**仕事の内容は男性の補助的なものが多く、賃金も男性より低く抑えられていました。**このため、職業婦人は結婚とともにほとんどが仕事を辞めて、主婦となりました。

この時期には、**「良妻賢母」**（→P90）が理想の女性像として定着します。良妻賢母とは、「夫に対しては良き妻であり、子どもに対しては賢い母」という意味で、**女性は家庭を守り、家事や子育て、介護などを担当すること**

が社会的に求められるようになりました。

そして、若い女性が職業婦人として働くことは「花嫁修行」になるけれど、結婚した女性が外に出て働くのは「家庭の恥」という意識が生まれたのです。さらに、女性が外で働くことで婚期が遅れたり、家庭内でトラブルが起きる恐れがあるという考えも生まれました。

戦後も根強く残る「女は家庭」という意識

第二次世界大戦後、日本国憲法によって**「男女平等」**や**「職業選択の自由」**が定められます。さらに労働基準法によって、**「※男女同一労働同一賃金」**の原則が定められます。

こうして、女性はどのような仕事でも、自分の意思で選べるようになり、男女間の不平等

大正時代の産業別・女性労働者の割合

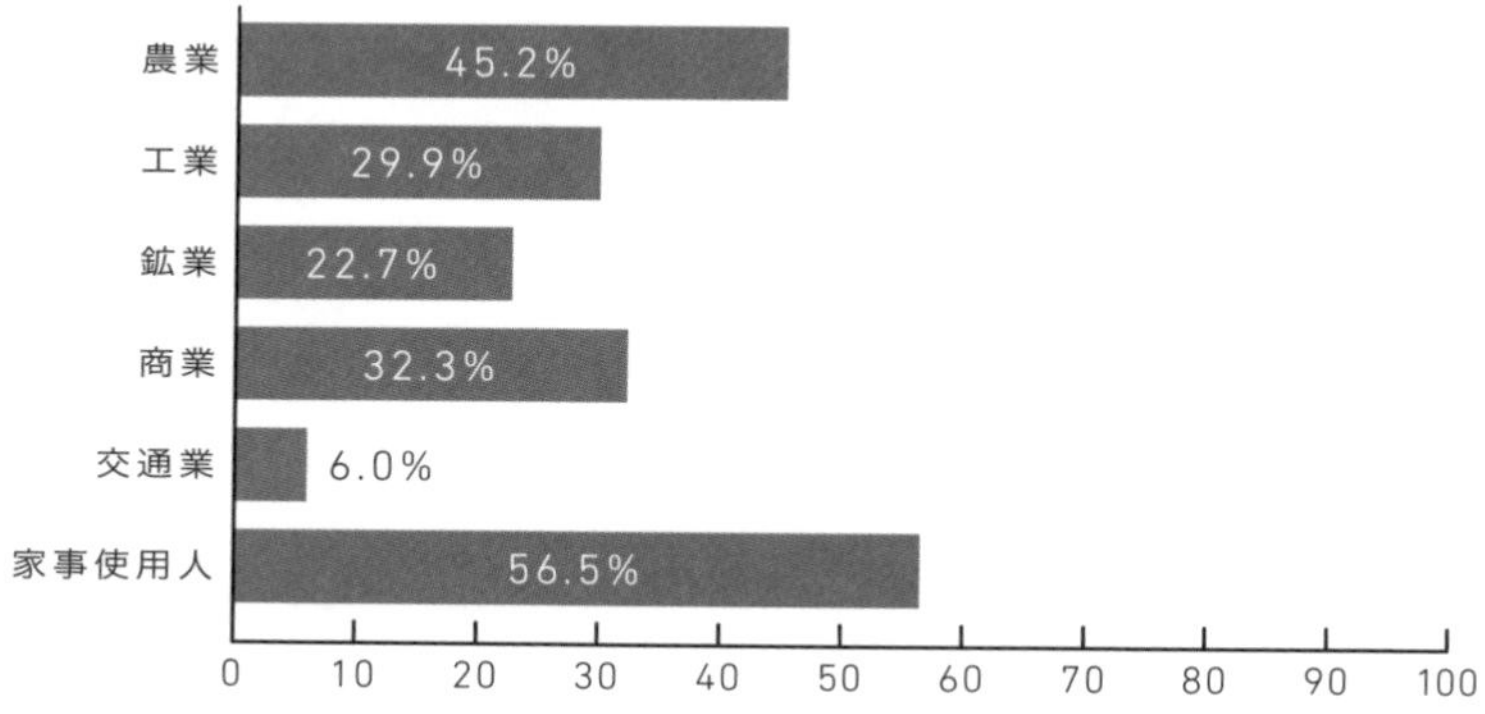

※1920（大正9）年10月1日現在。女性労働者には報酬を得て働いている者だけでなく、家業を手伝っている女性も含まれる。
出典：『史料にみる 日本女性のあゆみ』総合女性史研究会編（吉川弘文館）

※労働者が女性であることを理由に男性より低い賃金にしてはいけないこと。

産業別・女性の雇用形態別割合

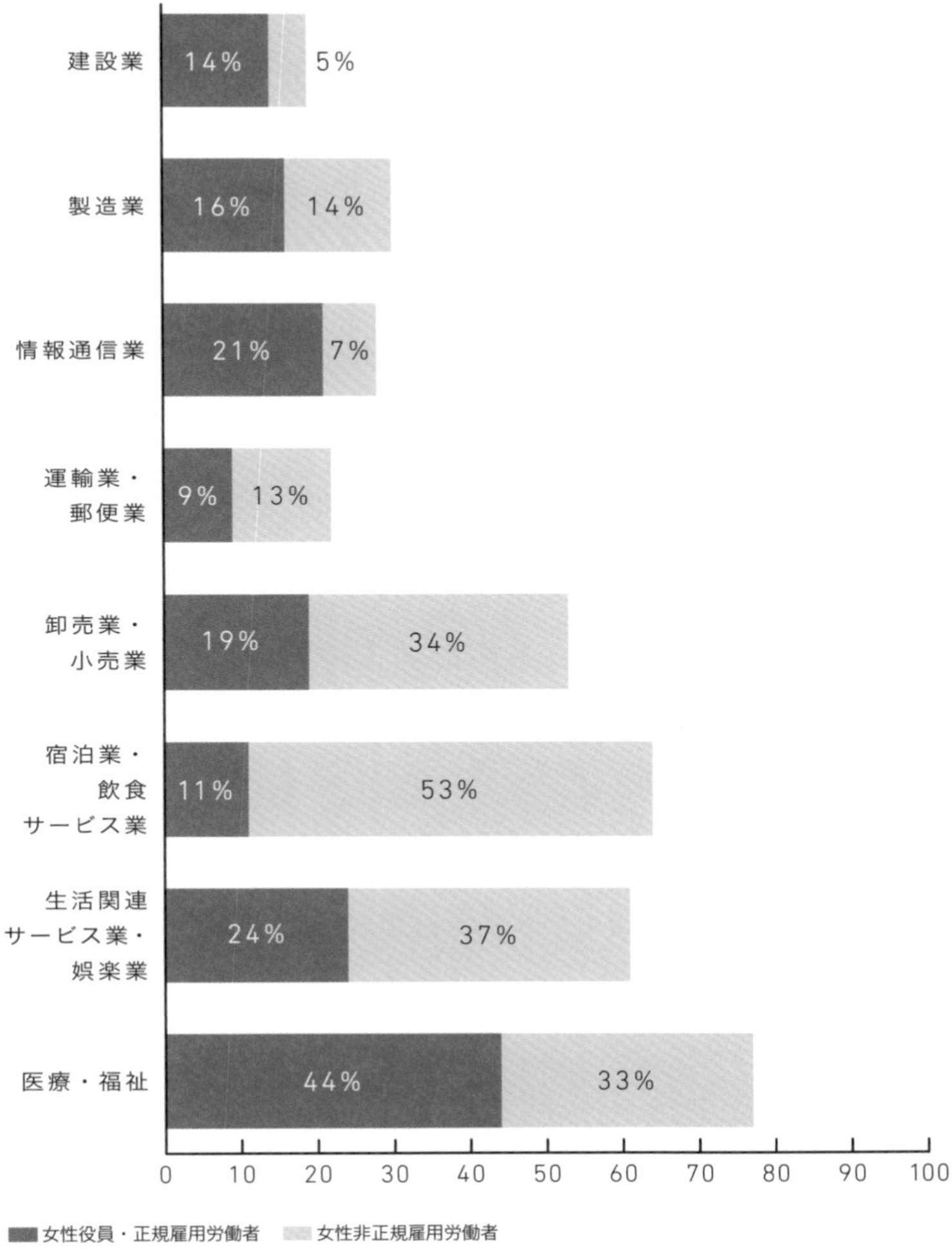

※2022年。　出典：「男女共同参画白書 令和5年版 全体版」（内閣府男女共同参画局）

は禁じられました。

　しかし現実には、日本社会では**「男は仕事、女は家庭」**（↓Ｐ40）という意識が、今も根強く残っています。こうした意識は、**看護師や保育士を「女性が就く職業」と感じさせることにつながっています。残念ながら、女性社員にお茶出しや掃除を任せるような「昭和的」職場もまだまだ存在しています。**

　日本では、妻が夫より家事や育児に多くの時間を費やしているのが現実ですし、男女間の賃金格差や、女性役員・管理職・正規雇用労働者の少なさなど、日本の職場には解決するべき問題がたくさんあります。特に、先進国と比較すると、日本の女性役員の少なさは際立っています。これは、女性が能力を発揮できない社会であることを示しています。

　日本が成長していくためには、性別に関係なく、意欲やスキルのある人が、自分のやりたい仕事で活躍できるしくみをつくることが大事でしょう。

諸外国の役員に占める女性の割合

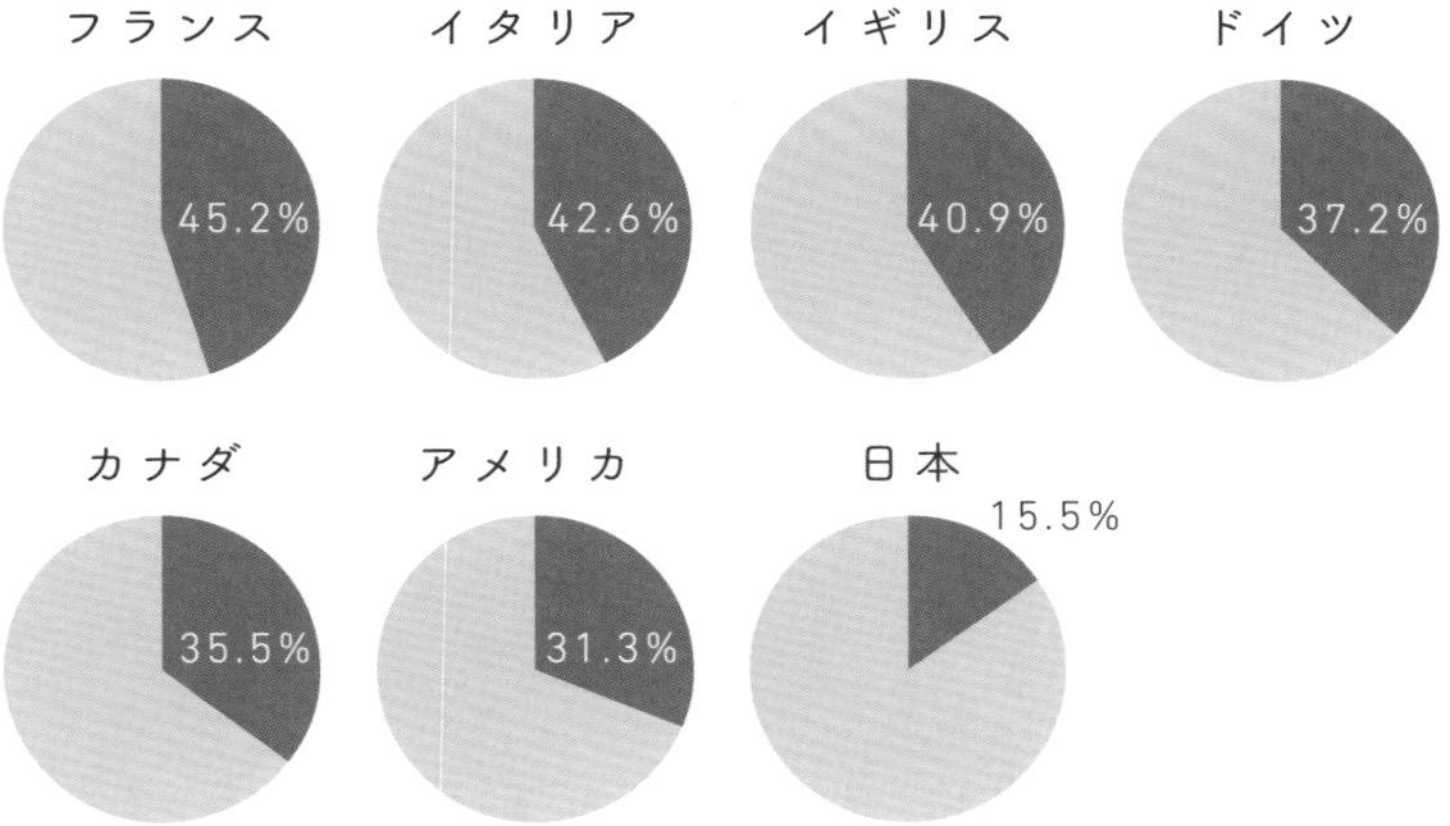

※ 2022 年。
フランス、イタリア、イギリス、ドイツは優良企業銘柄 50 社が対象。それ以外の国は MSCI ACWI 構成銘柄の企業が対象。
出典：「男女共同参画白書 令和 5 年版 全体版」（内閣府男女共同参画局）

Chapter 2

結婚

marriage

共働き世帯が一般的ともいえる現在、
「男は仕事、女は家庭」という
昭和的な価値観が見直されています。
問い直されている結婚の意味を
日本の結婚史から考えてみましょう。

現代の「結婚」にまつわる声

結婚制度や家庭のあり方に対して
さまざまな意見が出ています。
歴史を振り返る前に、現代の声を聞いてみましょう。

結婚は女性を縛るもの?

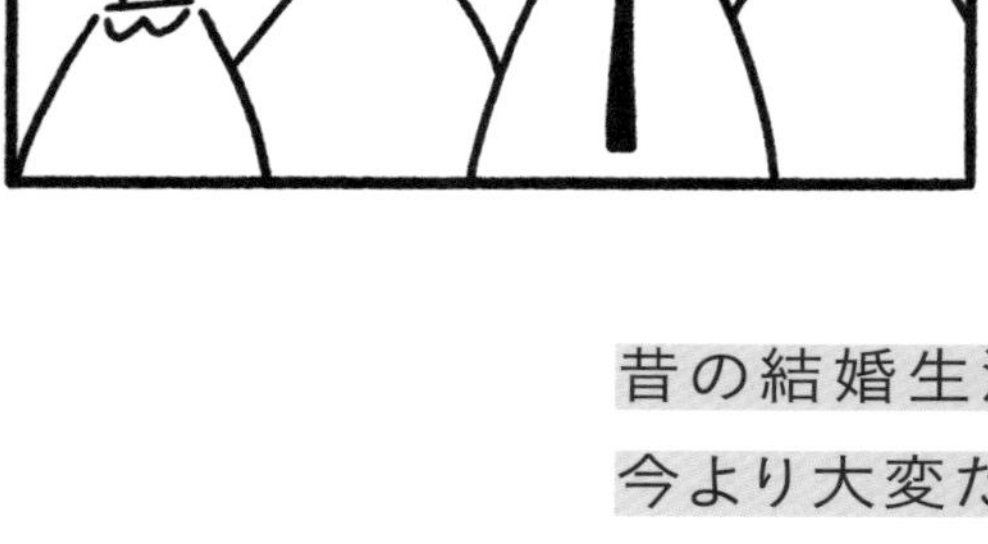

昔の結婚生活は今より大変だった?

主婦の毎日の労働を認めてほしい

昔の女性は離婚できなかった？

結婚しても働きたい

「結婚しない」という選択が増えている背景

近年、パートナーがいても、事実婚など、「結婚しない」という選択をする人が増えています。生涯未婚率は、男性全体の約3割、女性全体の約2割に達しています。

「結婚しない」という選択をする理由は人によりさまざまですが、家事や子育ての負担が大きいために、結婚をためらう女性は少なくありません。家事や育児に追われながら懸命に働く女性は、身近に数多くいるはずです。女性の社会進出が進んだとはいえ、**「男は外で稼ぎ、女は家庭を守る」という価値観は、現代にもまだ残っています。**

では、こうした結婚のスタイルは、いつ頃から日本に定着したのでしょう？ 日本人にとって結婚とはどんな意味があったのか、結婚の歴史から考えてみましょう。

夫が妻の家に通うのが古代の結婚スタイル

「通い婚」という言葉を聞いたことはありますか？ **古代日本の結婚は、夫が自宅から妻の家に通って一夜を過ごし、翌朝に自宅に戻るという形式でした。**通い婚は「妻問婚《つまどいこん》」とも呼ばれていますが、「男が妻を訪ねる結婚」という意味に誤解されている言葉です。妻問婚の「妻」とは、実は女性だけでなく、男性に対しても使われる言葉で、本来の意味は「性的関係のあるパートナー」。「問《どい》」とは「話す」こと。**「妻問」とは、性的関係のある恋人と寝室で肌を寄せ合って話すという意味で、夫が妻を訪ねるという意味ではなかったので**

す。**「夜《よ》這《ば》い」**という言葉も、通い婚の説明によく出てくる言葉ですが、夜中に男性が女性宅に忍び込んで強引に性的関係を結ぶというイメージを抱くのではないでしょうか。もとは、「呼《よ》ばふ《う》」という動詞が名詞化し「呼《よ》ばひ《い》（夜這い）」となりました。**「呼ばふ」とは、相手の名前を呼ぶことで、求愛・求婚を意味します。**日本最古の歴史書『古事記《こじき》』には、男神・八千矛《ヤチホコ》（因幡《いなば》の白兎《しろうさぎ》で知られる大国主《オオクニヌシ》の別名）が、寝ている沼河比売《ヌナカワヒメ》という女性が住む建物を訪れ、戸板を叩いたり揺さぶったりしながら、彼女の名前を呼んで求婚したことが記されています。女性が呼びかけに応じれば、男女の性的関係（御合《みあい》）が結ばれ、結婚が成立しました。ちなみに、八千矛に「呼ばひ」された沼河比売は、その返事を長歌に詠みますが、それには次のような一節があります。

栲綱《たくづの》の白き腕《ただむき》
沫雪《あわゆき》の若やる胸を
そ手抱《だた》き手抱《たた》き
（私の白い腕や雪のような若々しい胸に触れて抱いて）

古代では女性が男性に対して、性愛をダイレクトにアピールしていたことがわかります。

結婚後に生まれた子は妻の実家で育てた

御合の後は、妻の両親の許可のもと、妻の実家で結婚式が行われました。夫側で参加するのは本人だけ。家どうしの結婚ではなかったのです。8世紀頃まで、**結婚した男女は、**

古代の結婚に関する用語

「夜《よ》這《ば》い」

語源は「呼《よ》ばひ《い》」で、好意を寄せる相手の名前を呼ぶことで、求愛を意味する。「呼ばひ」に対して、自分の名前を名告《なの》ると、求愛を受け入れたことになり、性的関係が結ばれた。

「妻問《つまどい》」

妻は、性的な関係を結ぶ相手のことで、男女ともに使われる。定期的に行き来のある相手を指し、妻問は、今の言葉に直訳すると「恋人と話す」こと。寝所での睦言を意味する。

しばらくは同居しないのが一般的でしたが、やがて同居して一緒に住むようになることも多かったと考えられます。その際、夫方・妻方のどちらに住むかは決まっていなかったようです。もし、お互いの行き来が理由もなく3か月途絶えたら、離婚とみなされました。離婚したい場合は、相手を家の中に入れないことで成立させることもできました。古代では、結婚も離婚も、今よりゆるやかなものだったのです。これは、**子どもが妻の実家（または共同体や親族）で育てられることが多く、妻が夫の収入に頼らなくてもよかったからだと考えられています。**

また古代では再婚が多かったこともわかっています。当時は飢饉《ききん》（食料不足）や疫病《えきびょう》の流行などの影響もあり、平均寿命は30歳前後と考えられています。女性がどんどん結婚して、子どもを次々に産まなければ、共同体が維持できない状況だったのです。私たちは古い時代のことを考えるときに、ついつい現在の常識をあてはめて考えてしまいがちですが、古代においては、「結婚後に両親の世話をどうするか」といった問題は、寿命や財産の問題から見ても、基本的に起こりようがないほど、生きることが大変だったとを知っておくべきでしょう。

『源氏物語絵巻』に描かれた匂宮《におうみや》と六《ろく》の君《きみ》の結婚が成立した翌日の場面。当時の貴族社会では、男性が3夜連続で女性の家に通うと結婚が成立しました。

出典：ColBase「隆能／源氏物語」東京国立博物館所蔵

そして8世紀末より、口分田（→P13）制度がくずれ、土地や財産の私有化が進んでいくと、貧富の差が拡大します。このため、実家が貧しい妻は、共同体や親族からも援助を得られず、子どもを抱えて苦労するようになりました。これは庶民だけでなく貴族でも同じで、『源氏物語』には、実家が没落したために荒廃した屋敷に住み続けたり、女房（住み込みの侍女）として貴族女性の世話をしたりする女性が登場します。**実家の裕福さ・地位の高さが、結婚相手や結婚生活に大きな影響を与えるようになったのです。**

「一生連れ添う夫婦」が鎌倉時代に理想となる

平安時代の中頃には、**結婚生活の場を妻**

方（嫁方）**に置く「婿入婚《むこいりこん》」が主流となりますが**、平安時代末期になると、武家を中心に、**妻が夫の家に嫁入りして夫婦生活を送る「嫁《よめ》入婚《いりこん》」が増えはじめ、鎌倉時代には嫁入婚が定着します。**これは、嫡子《ちゃくし》（家の跡継ぎ。通常は長男）が、多くの土地や財産などを相続するようになり、**「家」**が成立したことが影響しています。夫婦は夫の両親とは同居せず、家を維持していくために苦楽をともにして協力するようになり、家庭内での妻の役割も高まっていきました。これにより、**一生連れ添うことが夫婦の理想となっていったのです。**

ただし、**貴族や武家では、正妻（正式な妻）のほかに複数の妻妾《さいしょう》（側室）をもつ「一夫一《いっぷいっ》妻多妾《さいたしょう》」が一般的でした。**

中世の日本では、戦国武将の娘たちが政略結婚をさせられることもありましたが、庶民の女性は、当時のヨーロッパ諸国と比較すると結婚してもかなり自由だったようです。そのことは、戦国時代にキリスト教を布教するために来日したキリスト教の宣教師（伝道者）たちが残した記録からもうかがえます。宣教師のルイス・フロイスは、「日本では処女の純潔を失っても名誉を失うことなく結婚できる」「しばしば妻の方から夫と離婚する」「妻が夫の許可なく好きなところに自由に行ける」ことなどを驚きをもって記しています。

江戸時代の結婚は女性のキャリアになった

江戸時代の結婚は、武家でも庶民でも、基本的には、**「家」を受け継いでいくために行われました。**結婚は、家どうしの契約だったのです。このため、結婚相手は、身分や家柄

結婚形式の変遷

▶奈良時代以前

通い婚（妻問婚） 男性が女性宅に通う結婚の形式。子どもは女性宅で育てられる。

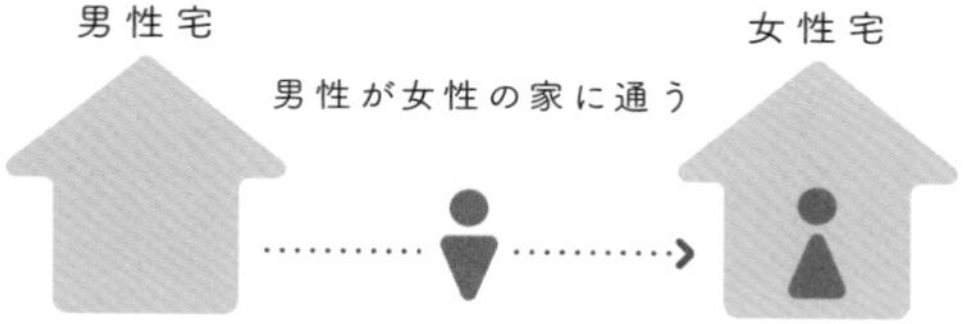

結婚後もしばらく別居したが、やがて同居することが多かった。同居は女性宅・男性宅のどちらもあった。

▶平安時代

婿入婚 夫が妻宅で同居する結婚様式。

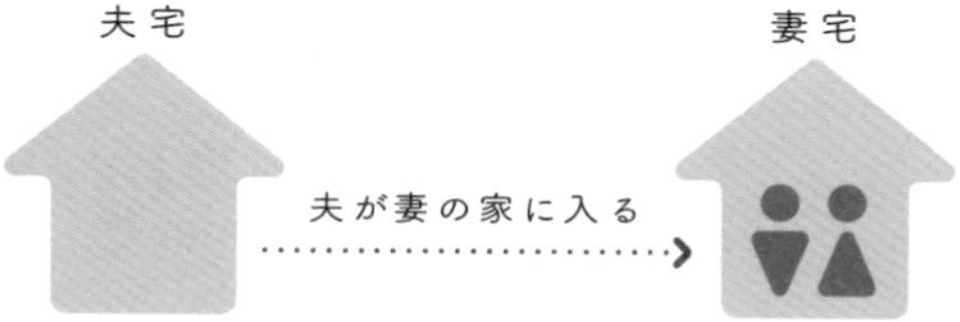

通い婚との明確な区別がつきにくい場合もある。

▶平安時代末期以降

嫁入婚 妻が夫宅で同居する結婚様式。現在の結婚に近い形。

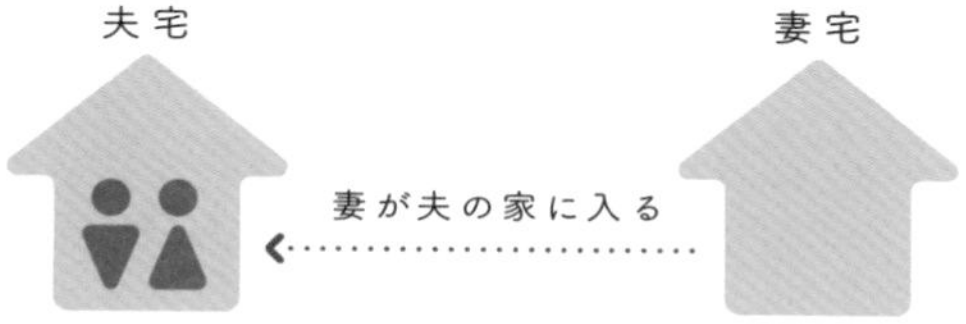

夫の「家」が重視されるようになる。

※結婚形式は、地域によってさまざまなバリエーションがあり、また、こうした変化が全国で同時期に起きたわけではありません。

が同じくらいの家から、親によって選ばれることが一般的でしたが、本人たちの意見を無視して結婚させるようなことはなかったようです。

ただ、庶民の結婚には、仲人《なこうど》による仲介が必要で、当時は仲人業を専門とするビジネスまであったそうです。また、江戸時代の結婚では、結婚する際に妻が夫に「持参金」や「持参不動産」を渡すという風習がありました（離婚後は夫から妻の実家に返す必要がありました）。

結婚した女性は、農作業を手伝ったり、家族の暮らしを取りしきったりするなど、家を維持するために夫と協力して働きました。また、自分の財産（不動産や道具）を自由に使う権利をもっていました。**妻は「家」という「企業」を、夫とともに運営する経営者の役割を果たしながら、個人の自由も確保していたのです。**

江戸時代は封建社会で女性は家庭にしばりつけられていた……そんなイメージをもっている人もいるかもしれません。しかし実際は、離婚したとしてもマイナスにはならず、むしろプラスに評価されていました。**結婚経験はキャリアだと認識されていたのです。**今なら、

江戸時代の武家の婚礼の様子。花嫁衣装は、現在の和装の婚礼と同様、白無垢に綿帽子でした。綿帽子は式が終わるまで新郎以外に顔を見せないためのものでした。

出典：「春信婚姻之図」国立国会図書館

江戸時代、人口の8割は農民だったので、ほとんどの女性は農家の嫁となり、夫と一緒に働きました。平均で4〜5人の子を40歳頃まで出産していました。

日本の離婚率の変化

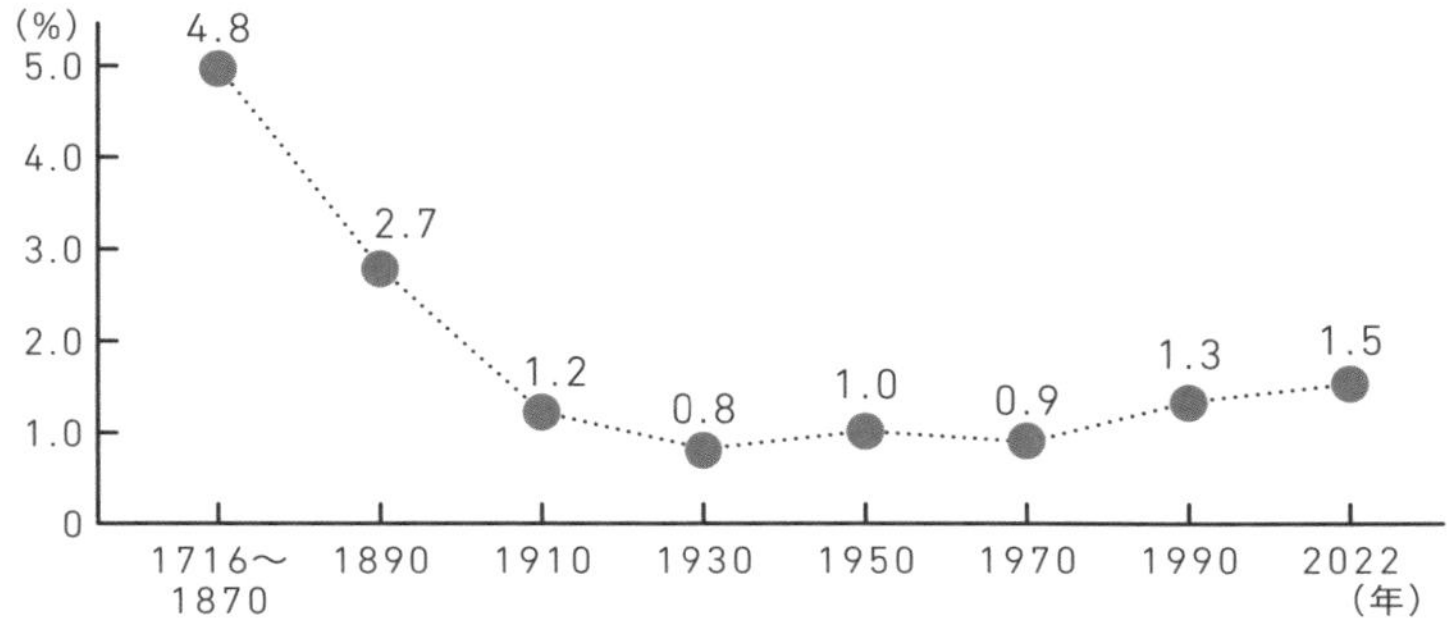

※江戸時代の離婚率（4.8%）は仁井田村・下守屋村（現在の福島県）の統計から計算したもの。離婚率は、人口1000人あたりの年間離婚件数。
出典:「歴史的に見た日本の人口と家族」（参議院事務局）、「令和4年（2022）人口動態統計月報年計（概数）の概況」（厚生労働省）より作成

企業が新卒ではなく経験者を評価するのと似ているかもしれません。しかも、女性は子どもという「財産」を生むことができます。離婚がタブー視されなければ、当然、離婚率は高くなります。江戸時代の離婚率は庶民を含めた人口全体で4・8%で、2022年の約1・5%と比べても高い数字です。

　離婚の要求は、夫からも妻からも可能でしたが、夫が離婚に同意しない場合は、家を出て実家に戻ることも多くあったそうです。**女性は、離婚する権利をもっていたのです。**庶民の場合、離婚するときに夫が妻に**「三行《みくだり》半《はん》」**と呼ばれる離縁状を渡しました。三行半というと、夫から妻への絶縁宣言のように思われがちですが、実際は妻にとっての「離婚証明書」で、これがあるから再婚が可能になったのです。離婚しても簡単に再婚できたことは、江戸時代の再婚率（離婚した人が再び結婚する割合）は50%を超えていたという記録からもわかります。

明治民法によって「家父長制」が確立する

　明治時代になると、明治政府は、江戸時代の武家で行われていた「長男が単独で家を相続する」という制度をもとに、**男性である夫が家庭内で権力をもつ「※家父長制」を進めていきました。**さらに明治政府は、「結婚は個人どうしによる自由な契約」「夫は妻を保護し、妻は夫に従うべき」といった西洋の結婚観を参考にして、1898（明治31）年、民法（明治民法）を公布しました。こうして、**男性である夫が「戸主《こしゅ》」（「家」の責任者）として強い権限をもつ「家制度」が確立したので**

※一家の長である家長（夫）が、家族全体に対して強い支配力をもつ家族制度。

す。これにより、妻は夫の家に入り、夫の姓を名乗ることになります（→P51）。妻は法律に関わる行為が一切できない「※無能力者」とされたため、契約を結んだり、財産を管理したりすることができなくなったのです。さらに夫には「妾《めかけ》」を認め、妻が不倫した場合のみ、犯罪とされました。

　こうして見ると、明治民法によって、結婚した女性の立場がいきなり低下したように思えますが、日本古来の結婚観で重視されるのは、「個人」ではなく「家」です。新しく明治民法ができて、戸主の権限が強化されたからといって、これまでの結婚に対する考え方はあまり変わりませんでした。このため、法律上の届けを出さずに結婚する夫婦は後を絶たず、大正時代の内縁率は平均16％にも及んだそうです。また、「妻は夫に従属する」と定められている西洋の民法と違い、**明治民法は、夫が妻を支配できるような権限は小さく、例えば、妻は離婚する権利をもっていました。**「簡単に離婚できる」というのが日本の結婚の伝統なので、明治民法も、簡単に離婚できるようになっていたのです。また、明治民法には女性が財産権をもてないと記されていますが、実際は、江戸時代と同様に、自分の財産を自由に使っていたことがわかっています（これに対し、西洋では夫の許可なく妻は自分の財産を使えませんでした）。

第二次世界大戦後に「専業主婦」が急増

明治時代後半から、家庭内で家事や子育てを担当する「主婦」が増え、離婚率も下がっていきます。これは、男性だけが国家から重

※民法上、単独では完全な法律行為をできない者。1947（昭和22）年の民法改正で妻を無能力者とする規定は削除された。

視される「納税」「選挙」「兵役」などの義務や権利に関わるようになり、女性が社会に出て働く機会を失っていったためです。都市部を中心に企業に勤めて「月給」を稼ぐ男性が増えたことも影響しています。

工業化や都市化が進んだ大正時代には、新しい仕事が生まれ、バスガールや電話交換手など、農業以外の職業に就く「職業婦人」（→Ｐ21）が少しずつ増えていきました。しかし、結婚しても働き続ける職業婦人は、ほとんどいませんでした。女性は結婚したら退職するのが当たり前とされていたのです。

この時代、「良妻賢母」（夫にとって良き妻・子どもにとって賢い母）が女性の理想像とされたため、女性が結婚後も働いて自立することは難しいことでした。こうして、**妻の役割は夫と協力して「家」を経営することではなく、夫を中心とした「家族」を支えることに変化していくのです。**

第二次世界大戦が終わると、明治民法は改正されて「家制度」は廃止され、夫婦の平等化が進みました。そして１９５０年代、終身雇用や1日8時間労働が定着し、日本経済が急速に発展していくと、サラリーマンが急増し、それとともに、妻は家事や育児に専念するようになりました。こうして「男は外で稼ぎ、女は家事や育児を担当する」という、性的な役割分担が定着し、「専業主婦」が増えていったのです。

夫は家庭内でのすべてを妻に任せきりにすることで、企業でがむしゃらに働けます。高度経済成長期には、この性的役割分担は効率的でした。政府も「配偶者控除」や「※第三号被保険者」などの社会制度によって、家庭

※厚生年金加入者に扶養される配偶者。保険料の自己負担分がない。

専業主婦世帯と共働き世帯の割合

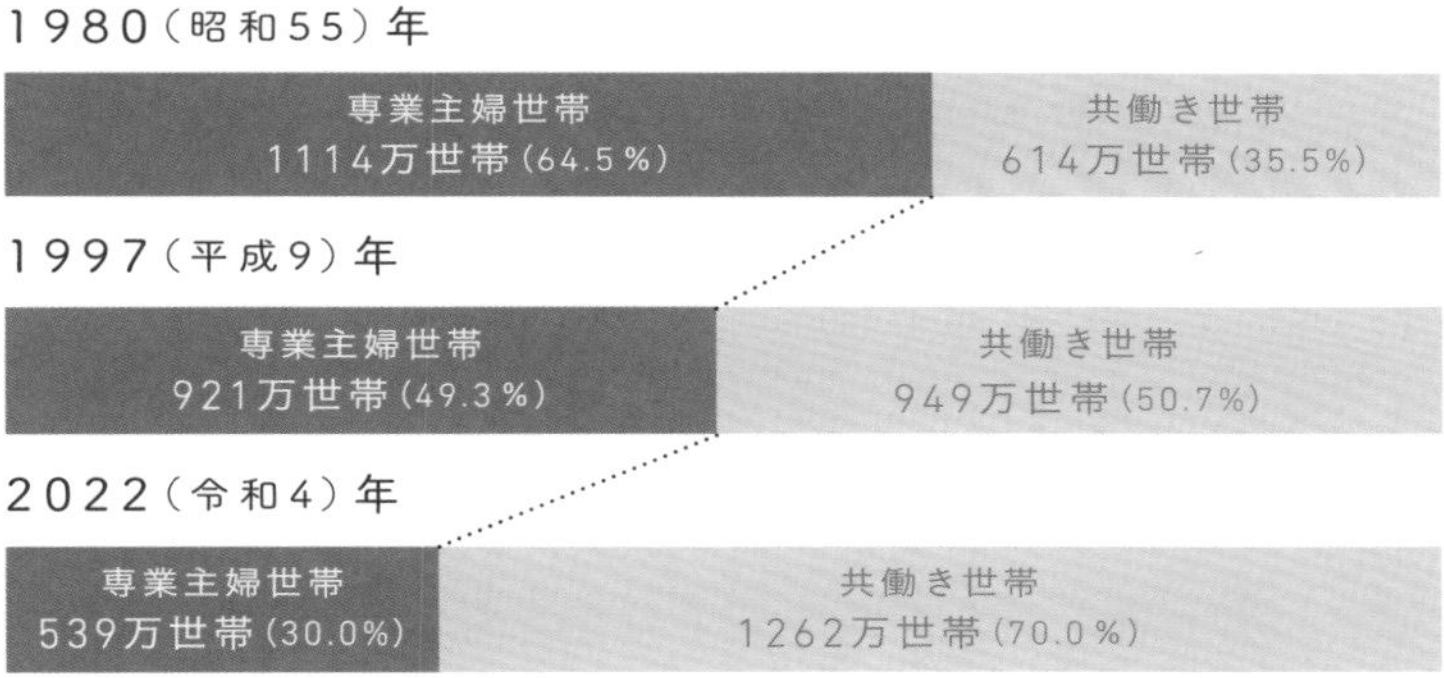

※「共働き世帯」には、妻がパートタイムの世帯も含まれる。
出典：「専業主婦世帯と共働き世帯 1980年〜2022年」（労働政策研究・研修機構）

を支える専業主婦をフォローしました。**「専業主婦」という役割を果たせた妻が多かったのは、妻が夫の収入を管理し、「財布の紐」を握って家計を管理できた**ことや、子どもの母親として尊重されたことなどが理由として挙げられます。現在の共働きの家庭でも、妻が家計を管理する家庭の割合が多いのが日本の特徴です（西洋ではお互いの所得から家計に必要な分を出し合う「共同管理型」が主流です）。

現在は共働き世帯が7割近くを占める

1980年代より、共働き世帯は増え続け、現在は、働く世帯のうち7割近くを占めています。それにもかかわらず、**妻が家事や育児に費やす時間は、一般的に夫よりはるかに多いのが現状です。**日本人の夫が家事・育児に

無償労働時間の女性の分担割合

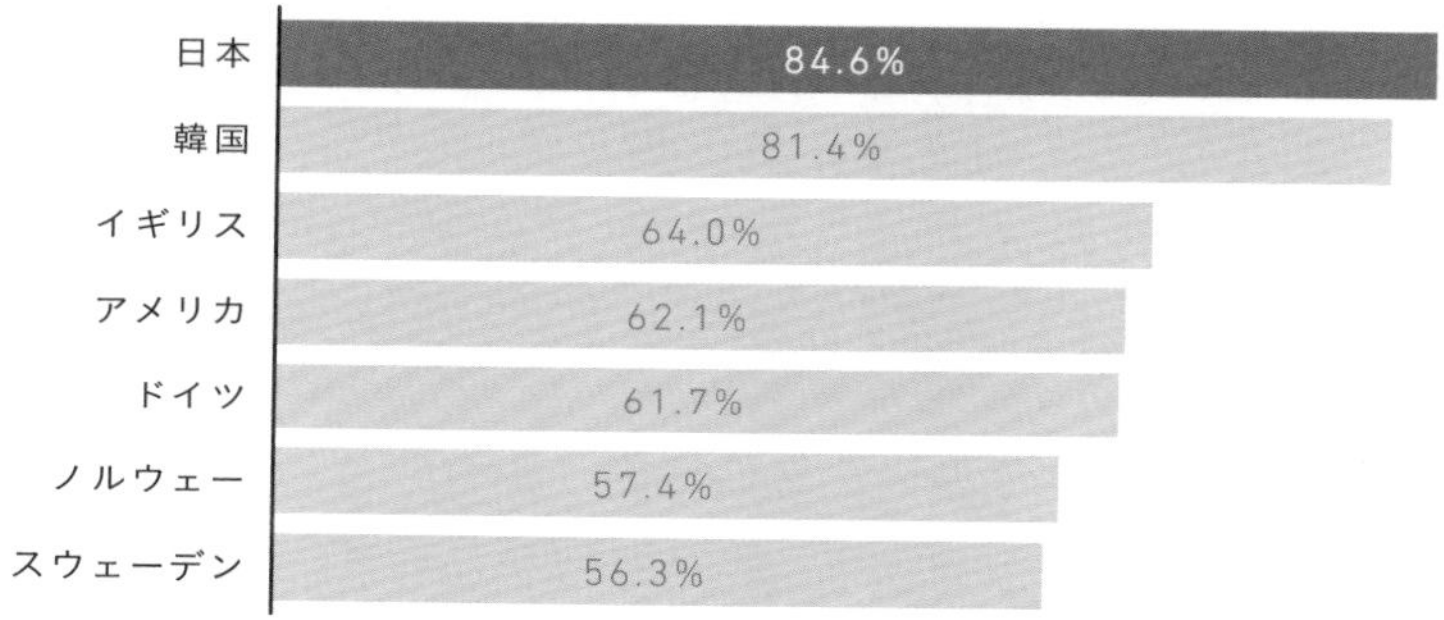

※無償労働時間とは、家事や育児、介護などに費やす時間の合計。日本では、無償労働の約85%を女性が担当している。
出典：「男女共同参画白書 令和5年版」（内閣府男女共同参画局）

費やす時間は、世界と比較しても最低レベル。「男性も女性も平等に家事に参加を」という意識は浸透しつつありますが、現状の制度に不満をもつ女性も多くいます。また、男性の中には「家事は妻がやるもの」という考えをいまだにもつ人や、家事が苦手だったり、長時間労働のために物理的にできない人もいるでしょう。

こうした結果、社会で活躍する女性が増えたとはいえ、経済分野でも政治分野でも、まだまだ女性の登用が少ないのです。この状況を変えるのは簡単ではありませんが、女性が働きやすい結婚制度に変革していくことは、必須といえるでしょう。

Column

夫婦別姓

separate surnames for husband and wife

日本では、ほとんどの妻が夫の姓を名乗ります。
しかし、働く女性のキャリア形成における弊害や
姓を変えることに抵抗がある女性も多くいます。
結婚と姓の歴史を見てみましょう。

近年に議論が高まる「選択的夫婦別姓」

近年、「選択的夫婦別姓」の議論が高まっています。**選択的夫婦別姓とは、夫婦が望む場合には、結婚後もそれぞれが結婚前の姓を称することを認める制度です。**夫婦同姓を法的に強制されているのが日本だけなのは、世界的にもよく知られています。

各種世論調査では、選択的夫婦別姓に賛成する人の割合は、7～8割を占めていますが、否定的な意見をもつ人たちからは、「日本は昔から夫婦同姓だった」「日本の伝統が壊される」といった声も聞こえます。では、実際はどうだったのでしょうか？

そもそも、「氏名（姓名）」とは何でしょう？ 現在の日本では、**「氏」は、「姓」または「名字・苗字」と呼ばれる先祖代々の「家」の名前、**つまりファミリーネームを意味します。**「名」は、親が子につけるもので、いわゆるファーストネームです。**名は、基本的に生涯変わることがなく、氏（姓）だけは結婚時に変わる場合があるというのが現在の常識です。

しかし、明治時代以前の日本では、氏名のあり方が現在とは大きく違っています。まずはそこから、調べてみましょう。

「氏」は血縁集団で「姓」は地位を示す称号

そもそも、弥生時代の日本人に氏（姓）はありませんでした。氏（姓）のはじまりは、古墳時代にヤマト王権が導入した「氏姓《しせい》制度」です。**姓は古代では「かばね」と呼ばれ、「氏《うじ》」と区別されていました。**確実に実在したとされる氏をもつ最初の日本人は、葛城襲津《かつらぎそつ》彦《ひこ》（4世紀末～5世紀前半）とされています。**「氏」は氏族（豪族）と呼ばれる血縁集団や血筋を表す名称で、**葛城氏《かつらぎうじ》や蘇我氏《そがうじ》など地名に由来するものや、物部氏《もののべうじ》や中臣氏《なかとみうじ》など、職業や職能に由来するものがありました。そして、豪族の私

古代の名前に関する用語

「氏《うじ》」

氏族（豪族）と呼ばれる血縁集団や血筋を表す名称。
私有民の部民も含む。

（代表例）
葛城氏《かつらぎうじ》　蘇我氏《そがうじ》　物部氏《もののべうじ》　中臣氏《なかとみうじ》

「姓《かばね》」

ヤマト王権内での氏族の地位（ランク）を表す称号。
最高ランクの氏には「臣」が与えられた。
臣《おみ》…葛城臣・蘇我臣など
連《むらじ》…中臣連・物部連など
君《きみ》…筑紫君《つくしのきみ》・上毛野君《かみつけののきみ》など

有民（労働者）であった「部民《べのたみ》」（部曲《かきべ》）も、血縁関係がなくても、同じ氏に含まれていました。

ヤマト王権では、こうした氏族に大王《おおきみ》（後の天皇）から「姓《かばね》」が与えられました。**姓は、ヤマト王権内での地位（ランク）を表す称号で、「臣《おみ》」「連《むらじ》」「君《きみ》」「直《あたい》」などがあります**。ヤマト王権のある近畿地方の氏族には「臣」や「連」が与えられ、地方の氏族には「君」や「直」などが与えられました。

氏姓制度は6世紀には成立したといわれます。ただ奈良時代になると、有力な氏族のほとんどが、「朝臣《あそん》」の姓《かばね》を名乗るようになりました。朝臣は、皇族以外では最高位だったので、人気を独占したのです。その結果、朝臣だらけになってしまい、姓《かばね》は本来の意味を失ってしまいました。

古代日本の庶民は夫婦別姓だった

氏《うじ》は、基本的には父親から子どもに受け継がれますが、例外もあります。奈良時代の女帝・元明《げんめい》天皇から、女官・県犬養三千代《あがたいぬかいのみちよ》（「県犬養」が氏族名）は、長年の功績に対して「橘《たちばな》」という氏が新しく与えられ「橘三千代」となりました。

この「橘」の氏は息子の※橘諸兄《たちばなのもろえ》らに受け継がれ、三千代は橘氏の祖先となったのです。こうした例外は、**古代日本は「父系（父方の親族）」と「母系（母方の親族）」の双方から均等に社会的地位や財産などを受け継ぐ「双系的社会」であった**ことを示す一例といえるでしょう。

庶民については、7世紀後半に律令《りつりょう》制（↓P13）が導入されて戸籍制度がはじまると、人口を管理する目的から、奴婢《ぬひ》（律令における奴隷）を除くすべての人民に氏《うじ》がつけられました。夫婦に生まれた子どもは、ほとんどが父の氏を名乗りました。古代の戸籍を見ると、女性は結婚後も自分が所属する氏を変更していないようです。このことから、**古代日本は「夫婦別氏」だったと考えることができるのです。**

また、古代の結婚は、妻問婚《つまどいこん》（↓P30）だったので、夫婦は別居する場合も、同居する場合もありました。こうした事情からも、夫婦が同じ氏である必要はなかったと考えられます。

平安時代は源・平・藤・橘の四姓が繁栄する

平安時代初期の氏族名鑑である『新撰姓氏録《しんせんしょうじろく》』には、1182の氏が記されています。そこには、母親の氏族名が系図に示されているため、当時は夫婦別氏であったことがわかります。

やがて朝廷では、「藤原氏《ふじわらうじ》」「源氏《みなもとうじ》」「平氏《たいらうじ》」「橘氏《たちばなうじ》」の4つの氏が大きな権力を握ります。これら4

※奈良時代の政治家で、玄昉《げんぼう》や吉備真備《きびのまきび》らと結んで権力を握った。

つの氏は「四姓《しせい》」と呼ばれ、**天皇から与えられた公式なものでした。**公式な文書などでは、**「源《みなもとの》朝《あ》臣《そん》」「平《たいらの》朝《あ》臣《そん》」**などのように、氏と姓を組み合わせて使われました。

四姓が繁栄すると、多くの人がそれまでの氏を捨てて、自分たちの祖先を源・平・藤・橘に結びつける風潮が生まれました。こうして、ほとんどの人が四姓を名乗るようになり、特に勢力の大きかった藤原氏を名乗る人が増えていったのです。

こうして氏は、古代の「蘇我」「物部」などとは違うものになり、源・平・藤・橘などの氏は、**「本来の氏」という意味で「本姓《ほんせい》」と呼ばれるようになりました。「本氏」でなく「本姓」なのは、氏と姓が同じ意味で使われるようになったことが影響しています。**

平安末期に武士たちが「名字」を名乗り始める

平安時代後期になると、地方の武士たちは、旧来の「平」「源」などの氏（本姓）を使いながらも、同じ氏が多すぎて区別をつけにくくなったので、**自分の領地名（本拠地）を入れて名乗るようになりました。これが「名字《みょうじ》」です。**「名」とは「名田《みょうでん》」（私有地）のことで、「名」を「字名《あざな》」（別名のこと）としたため、「名字」と呼ばれるようになりました。当初、名字は一代限りのものでした。つまり、「氏（本姓）」と「名字」は別のものなのです。例えば、足利尊氏《あしかがたかうじ》と新田《にった》義貞《よしさだ》は、名字が違いますが、氏はふたりとも同じ「源氏」です。

公家においては、四姓が増えすぎて区別が難しくなったため、藤原氏は居住地の地名から「近衛家」「一条家」「九条家」「京極家」などと「家」に呼び名をつけて区別していきます。やがて、**この家名は代々受け継がれるようになり、公家の名字になっていきました。**

また、同じ藤原氏でも、区別をつけるため、例えば、伊勢（現在の三重県）に領地をもつ藤原氏は「伊藤」、加賀（現在の石川県）に領地をもつ藤原氏は「加藤」、斎《さい》宮頭《くうのかみ》という役職をつとめた藤原氏は「斎藤」といったように、「藤」がつく名字が派生していきます。

鎌倉時代の庶民は、領主（おもに武士）によって名字を名乗ることを禁止されていました。これは、領主が庶民を一段低く見ていたためといわれます。

しかし室町時代になると、庶民が農業生産力などを向上させて実力をつけていき、名字を名乗り始めます。**名字は自分で勝手につけられていったため、「土地由来」という本来の意味も失っていきます**。ただ、庶民の名字については時代や地域によって大きな違いがあるため、実態はよくわかっていません。

「名字」と「苗字」には違いがある

江戸時代になると、幕府は名字を名乗ることは武士の特権として、庶民が名乗ることを禁止します。本来、名字は一代限りの個人名でしたが、「家」が嫡子《ちゃくし》によって代々継承されていくようになると、**しだいに名字も世襲されて「苗字《みょうじ》」として定着しました**。現在、名字と苗字は同じ意味で使われますが、その成り立ちは違っていたのです。苗字とは、「苗裔《びょうえい》（遠く血を引く子孫）の名」という意味で、名字は子孫に代々受け継がれていくことになり、苗字になったのです。名字を苗字と呼ぶようになったのは、江戸時代以降といわれています。庶民でも、私的な場面では苗字を使うことがあったそうです。

日本の女性たちには公式の実名がなかった

では、現代ではファーストネームとなる「名」の歴史はどのようなものだったのでしょう? **日本では古代から実名《じつみょう》（本名）のことを「諱《いみな》」といいました**。諱は「忌み名」とも表記され、諱を呼ぶことで、その人の人格を支配できると考えられていました。このため、家族や主従など、特に親しい関係を除いて、諱で呼びかけることはタブーでした。今でも、下の名前で呼び合うのは、特に親しい関係

中世の名前に関する用語

「名字《みょうじ》」

武士が自分の領地名を家名として名乗ったもの。同じ氏（本姓）でも、名字が異なる武士は多かった。公家の場合は、邸宅を構えた場所の地名から名字が生まれた。

近世の名前に関する用語

「苗字《みょうじ》」

名字は本来、一代限りの個人名だったが、世襲されるようになり、江戸時代に「苗字」として固定した。「苗」には、代々受け継がれていくという意味がある。江戸時代の武士は「苗字」を名乗ったが、庶民が公の場で苗字を名乗ることは禁止された。

だけでしょう。

　こうしたことから、ふだんの生活では、諱ではなく「通称《つうしょう》」（仮《け》名《みょう》とも）を名乗るのが一般的でした。諱は基本的には他人に知らせないものでしたが、公式な文書などに記す必要があったので、男性の場合は、諱が判明している人物が多くいます。

　しかし女性の場合は、身分が高い貴族女性以外、公式の実名をもたなくなったので、幼名《ようみょう》（元服するまでの名）や法名《ほうみょう》（出家のときに授けられる名）を使ったり、「藤原《ふじわらの》氏女《うじのにょう》」のように、父親の氏を名乗ったりしていました。「藤原氏女」は個人を表す名前ですが、「藤原氏の女」という意味であり、「氏女」という名ではありません。

このように女性は、結婚後も父親（実家）の氏を名乗っていたので「夫婦別氏《べっし》」でした。この「夫婦別氏」のスタイルは、江戸時代まで続きます。

苗字が必要なかった江戸時代の女性たち

江戸時代の武家の女性は、「夫婦別氏」の伝統に従って、結婚しても実家（父親）の氏（苗字）を名乗っていました。その理由は、妻の家柄・血筋などを明らかにすることや、妻は夫の家の一員ではなく、従属している立場であることを示すためだったといわれます。

つまり、**夫の家族の正式なメンバーではないことが、別氏によって表されていたのです。**

庶民の女性の場合は、そもそも苗字を名乗ることが禁止されていることや、**女性は公的な活動が禁止されており、実生活で苗字が必要ではなかった**ので、「夫婦の苗字がどうあるべきか」などと考える人はほとんどいなかったでしょう。そもそも江戸時代は、改名がしばしば行われていたので、「名は一生変わらない」という現在の常識にあてはめて考えない方がよいかもしれません。**江戸時代以前は、日本人の名前のあり方が現在とは大きく違っていたのです。**

ちなみに、「昔の日本は夫婦別姓だった」という説が、夫婦別姓の論議でたびたび取り上げられることがあります。その論拠として、北条政子や日野富子などが例としてあげられることがありますが、実際に本人がそのように名乗ったという史料は見つかっていません。ちなみに、彼女たちのような将軍の正妻は、周囲から「御台《みだい》所《どころ》」「御台《みだい》」などと呼ばれていました。実名ではなく肩書きが呼称として使われていたのです。

また、彼女たちは将軍の妻という特権階級の女性であり、名字を名乗ることを禁止されていた庶民とは立場がまったく違うので、参考にはなりません。

明治時代後半に夫婦同氏制となる

明治時代になると、身分解放を目指す明治政府は、武士の特権を廃止して、1870（明治3）年に、**庶民が苗字を名乗ることを許可します**。しかし、江戸時代以降、ほとんどの庶民にとって苗字は必要なかったので、反応が薄く、混乱さえ起きたといいます。

その後、政府は、1875（明治8）年、**国民全員に「必ず苗字（名字）をつけなさい」「苗字がなければ新しくつくりなさい」と命じます**。その目的は、徴税と徴兵を確実に行うことでした。

そうすると、「結婚後の苗字はどうなるのか？」という疑問が生まれます。これに対し、政府は、妻は夫の「家」を相続しない限り、実家の氏（結婚前の苗字）にするように命じたのです。つまり、**明治時代の前半は、「夫婦別氏」が明確に規定されていたのです**。そもそも「氏」は血統を示すものなので、妻が実家の氏を名乗るのが一般的だと考えられてきました。

夫婦別氏とされたのは、他家から「家」に入ってきた妻を、同じ家族として認めないという、江戸時代から続く排他的な意識のためだったという指摘があります。実際には、妻が実家の氏を名乗ることは少なかったようです。

その後、1898（明治31）年、西洋の「家」制度を参考にして旧民法が成立し、夫婦がともに「家」の氏を名乗るように定められました。**このときはじめて「夫婦同《どう》氏《し》」が成立しました**。1947（昭和22）年には、民法が改正されて「夫婦は夫または妻の氏を名乗る」という、現在のしくみが確立されたのです。

これまで見てきたように、氏・姓・名字・苗字の意味は、歴史的に複雑な経緯をたどって大きく変化してきましたが、現在では同じ意味で使われているため、理解の難しい点があります。ただ、氏は法律用語として使われ、姓は慣用的に使われるといった違いがあります。

結婚後に改姓するのはほとんどが女性

現在、結婚すれば、夫か妻のどちらかが必ず姓（氏・苗字）を変えなければいけません。2021年の内閣府の調査によれば、結婚で**姓を変えたのは、ほとんどが女性で、約95％を占めています**。また、「積極的に結婚したいと思わない」独身女性のうち、20〜40代の約26％、40〜60代の約36％が「名字・姓が変わるのが嫌・面倒だから」と回答しています。

また、改姓によって日常生活で不便が生じたり、仕事の業績が分断されるなどの不利益が生じる場合があり、愛着のある姓を失うことに強い抵抗を感じる人もいます。そして、**こうした不便・不利益を受けているのは、ほとんどが女性であることは大きな問題です**。

歴史的に見ると、日本で「夫婦同姓」であった時期は比較的短く、日本人は姓や名字を時代や状況に合わせて意味や使い方を変化させていることがわかります。結婚後の姓について、もっと柔軟に考えてもよい時期にきているのではないでしょうか。

明治時代の「氏」制度の変遷

1870（明治3）年	庶民に氏の使用が許可される	
1875（明治8）年	氏の使用が義務化される	
1876（明治9）年	妻の氏は実家の氏を用いることとされる	夫婦別氏制
1898（明治31）年	夫婦は、家を同じくすることにより、同じ氏を称することとされる	夫婦同氏制
1947（昭和22）年	夫婦は、夫または妻の氏を称することとされる	夫婦同氏制

※ 1947 年の改正民法は、夫婦は、その合意により、夫または妻のいずれかの氏を称することができるとした。

氏・姓・名字・苗字の使い分け

現在、氏・姓・名字・苗字は同じ意味で使われているが、使用法に違いがある。

氏

法的に使用されることが多い。

例 民法750条「夫婦は、婚姻の際に定めるところに従い、夫または妻の氏を称する」

姓・名字

慣用的に使用されることが多い。

例 夫婦別姓・姓名判断・名字ランキング

苗字

「苗」が常用漢字でないため、教育現場や公的書類では使えない。江戸時代は「苗字」が使われた。

例 苗字帯刀

Chapter 3

出産

childbirth

出産が母子ともに
命に関わる大変なことであるのは
古代から現代に至るまで変わりません。
日本の女性たちは出産と
どう向き合ってきたのでしょうか。

現代の「出産」にまつわる声

医学の進歩により、妊娠から出産までは以前より女性にとって負担が少ない社会になったといえるでしょう。そうしたなかでもなお残る、現代の声を聞いてみましょう。

現代でも大変なのに
昔の出産って
どんなものだったんだろう
いつの時代からあった?

妊婦や
赤ちゃんに対して
やさしい社会に
なってほしい

母子ともに
安全に・健康に
最先端の医療を受けたい

出産がキャリア形成の壁になっている現実

現代では、男性も女性も同じように働き、政治に参画し、活躍できる公平な社会の実現が求められています。

その一方で、女性は子どもを出産し、授乳して育てるという生物学的な役割を担っています。近年は出生率の低下によって少子高齢化が問題となっていますが、働く女性が出産しやすい社会環境とはいえません。出産・育児の期間、女性は仕事を休まざるを得ません。また、職場に復帰しても、育児や家事との両立が負担となり、仕事を辞めることを迫られる女性も少なくありません。**現在の日本では、出産・育児が女性のキャリア形成の壁になっているのです。**育児環境の不備などにより、**母親になったことで幸福度が下がるというデータもあります。**

また、「女性は結婚して子どもを産むべき」という古い価値観はいまだに残っています。出産に関するさまざまな問題について、どのように考えていくべきなのでしょうか。まずは、日本の出産の歴史から考えてみましょう。

出産に深く関わる縄文時代の土偶

太古の昔より人類は、男性が食料を獲得し、女性が出産・子育てを担当するという「分業」によって暮らしていたと考えられています。しかし、分業といっても完全なものではなく、狩りや食料採集に参加する女性や、子育てに参加する男性がいた可能性は十分にあります（↓P11）。

とはいえ、出産を経験できるのは女性だけです。第二次世界大戦前まで、**日本の出産のほとんどは女性介助者（産婆・助産婦）によって行われてきました。**古代の出産・子育てがどのようなものであったかは、くわしくわかっていませんが、経験豊富な女性が出産を介助していたものと思われます。

平均寿命が30歳前後といわれる縄文時代では、集落の人口を維持するために、出産・子育てが重要であったことは間違いないでしょう。それをうかがわせるのが、縄文文化を代表する土偶です。

土偶は、縄文時代初期は性別が不明でしたが、やがて乳房や妊娠線、膨らんだ下腹部などの特徴が表現されるようになり、明らかに女性を模したものとなっていきます。土偶のほとんどは、西日本の小規模遺跡ではなく、東日本の定住型の大規模遺跡で発見されてい

写真は最も有名な土偶のひとつである「遮光器土偶」。遮光器（スノーゴーグル）のような大きな目が特徴ですが、乳房や太もも、大きな臀部《でんぶ》などから女性像であることがわかります。

出典：ColBase「遮光器土偶」東京国立博物館所蔵

ます。小規模集落であれば、何か問題が起これば移住で解決できますが、定住型集落では移動ができないため、祭祀によって問題を解決しなければなりません。縄文時代の祭祀がどのようなものであったかは不明ですが、妊娠女性を模した土偶は、安産を祈るために祭祀の道具として使われたと考えられています。

産屋は出産のための神聖な場所？

古代では、出産するとき、出産専用の小屋である「産屋《うぶや》」に移り、そこで子どもを産みました。産屋は出産後に取り壊されます。

『古事記』には、天から地上に降臨した邇邇《ニニ》芸《ギ》の子を身ごもった木花之佐久夜毘売《コノハナノサクヤビメ》が、ひとりで入った産屋に火を放ちながらも、無事に火遠理《ホオリ》ら3人の子を出産する場面が書かれています。続いて、火遠理《ホオリ》の子を身ごもった海神の娘・豊玉毘売《トヨタマビメ》は、産屋で出産している姿を火遠理に見られたことを恥じて、海に戻る神話もあります。

邇邇芸から「私の子ではあるまい」と疑われた佐久夜毘売は、「神の子なら安産のはず」と告げ、火を放った産屋で3人の男児を出産し、神の子であることを証明しました。

これらの神話からは、産屋が男子禁制であったことが読み取れます。出産の介助は妊婦の母親や親類・近隣の女性たちが行ったと思われます。産屋が建てられた理由については諸説ありますが、出産は血がたくさん出るため、「穢《けが》れ」を避けるためという説が知られています。しかし、血を不浄なものと見なし、出産や月経を穢れとする意識が生まれたのは日本では9世紀以降とされるので、それ以前では、出産は神秘的な現象だと思われていたはずです。こうしたことから、産屋は神の加護を得るための神聖な場所だったとする説があります。

京都府福知山市に残る「大原の産屋」は、明治・大正時代まで使われた産屋です。地面に藁葺《わらぶ》き屋根をのせた様式で、古い時代の産屋がどのようなものであったかがわかります。

出典：大原神社所蔵・福知山市教育委員会写真提供

　産屋の習俗は、古代だけではなく、明治時代の中期まで全国で見られました。瀬戸内海の伊吹島《いぶきじま》（香川県）では1970年まで、出産〜産後の1か月を母子が家族と離れて過ごす産屋が利用されていました。

女性は出産後も実家で子どもと暮らした

8世紀頃まで、日本の結婚の形式は「妻問《つまどい》

婚《こん》」(↓P30)と呼ばれるもので、夫婦は結婚した後も別々の家に住むことが一般的でした。そして、多くの場合、夫婦の間に生まれた子は、父方の家ではなく、母方の家で育てられました。このため、**結婚には妻の父母の許可が必要とされ、結婚式も妻の家で行われました。出産後も妻は実家で生活したため、子どもは実家で育ちます。こうして、子どもは母親の保護下に置かれ、母と子の結びつきは強いものになったのです。**

一方、古代の大王《おおきみ》(古代の天皇)の一族では、※乳母《ちおも》によって子どもを養育することが制度化されていきました。乳母が置かれた目的は、母と子を引き離すことでした。王族と豪族はしばしば婚姻関係を結んでいたため、豪族出身の母をもつ皇子が数多くいました。そして、王族と豪族が対立した場合、豪族出身の母との絆が強い皇子は、豪族側に味方する可能性があったのです。

やがて乳母は、王族だけでなく、貴族や有力武士など、権力と富をもつ家でも置かれるようになりました。乳母の子は「乳母子《めのとご》」「乳兄弟《ちきょうだい》」などと呼ばれ、乳母が育てた貴人の子と一緒に育ち、強固な主従関係で結ばれる場合もありました。また、江戸幕府3代将軍・徳川家光《とくがわいえみつ》の乳母だった春日局《かすがのつぼね》のように、養育した若君が成長したことで大きな権力を握る乳母もいました。

母子ともに危険だった古代・中世の出産

古代の女性たちは、生涯に何人くらいの子どもを産んでいたのでしょうか。**古代の戸籍を調べると、ひとりの女性が生涯に産む子ど**

※母親に代わって乳を与えて子育てをする女性。「めのと」「うば」とも呼ばれる。

もの数は、最低でも5〜6人でした。当時の医療技術や生活環境から考えると、乳幼児の死亡率は高かったと考えられますが、死亡した乳幼児は戸籍には記されません。つまり、死亡した乳幼児を含めると、女性が出産した人数は、5〜6人以上いたと推定できるのです。奈良・平安時代の平均寿命は縄文時代と変わらず30歳前後でした。共同体を維持するために、女性は多くの子どもを出産することを求められたのでしょう。

乳幼児の死亡率だけでなく、妊産婦の死亡率もかなり高いものでした。**平安時代、安産は「平産《へいざん》」と呼ばれていましたが、死産になる率は高く、妊産婦が妊娠中や出産直後に亡くなることがよくありました。**

平安時代に摂関《せっかん》政治（↓P169）の全盛期を築いた藤原道長《ふじわらのみちなが》の栄華を中心に描いた歴史物語『栄花物語《えいがものがたり》』は、誇張や脚色が加えられていますが、おおむね史実に即しているとされます。そして、『栄花物語』に登場する妊産婦47人のうち、11人が妊娠・出産に伴って亡くなっているのです。

このような高率（約23%）で妊産婦が亡くなっていたのは、当時の医療技術が整っていなかったことだけでなく、慢性的な運動不足や、宮廷生活における精神的ストレスなど、貴族女性に特有の生活環境も影響していたと考えられます。自分の一族の繁栄のために、無事に子を産まなければならないというプレッシャーもマイナスに作用したかもしれません。庶民の妊産婦の死亡率は、もっと低かったと思われますが、**妊娠・出産が命に関わることであったのは間違いありません。**

また当時、人間に病気や死をもたらすのは

物の怪《もののけ》（悪霊）とされ、貴族女性は験者《げんざ》（秘法で悪霊を退散させる行者）らの祈祷の声が鳴り響くなか、関係者に見守られながら出産しました。『源氏物語』では、光源氏の正妻・葵の上《あおいのうえ》が出産直後、物の怪に取りつかれて亡くなる場面が描かれています。

中世の絵巻物には、出産する場面が描かれているものがあります。そうした絵からは、妊産婦が貴族であっても庶民であっても出産介助者は2～4人で、医師が立ち会うことはなく、僧や巫女が祈りをあげるなか、家族や地域の人々に見守られながら出産していたことがわかります。**出産の姿勢は、座って産む「坐産《ざさん》」でした。**座った姿勢で、天井から吊り下げた綱につかまって産むことが多かったようですが、手すりにつかまったり、女性介助者に腰を抱いてもらったりすることもありました。

子の無事な成長を願って始められた「七五三」

古代から、無事に生まれた赤ちゃんが、無事に成長することは当たり前のことではありませんでした。7歳までに死ぬ子は多く、**「七つ前は神のうち」**とされ、神に属する「死に近い存在なので、いつ死んでもおかしくない」と考えられていました。このため、7歳前の子どもは神聖な存在とされ、わがままや失礼な行いがあっても責任を問われることはなく、死んでも葬送はせず、墓もつくらず、野山に捨てられました。江戸時代以前の全国的な統計はありませんが、おおよそ出産の10～15％が死産で、5歳までの幼児の死亡率は**20～30％だったと推計されています。**

着袴（袴着《はかまぎ》）は幼児が初めて袴を着て少年・少女になる儀式。古代では3歳、近世では５歳の吉日に行いました。

出典：「儀式風俗図絵　袴着」金沢大学附属図書館所蔵

公家や武家では、子どもの無事な成長を願って、成長の節目にさまざまな儀礼が行われました。平安時代から室町時代にかけて、産まれた年の産土詣《うぶすなもうで》（現在のお宮参り）や、3歳頃の髪置《かみおき》（前髪を伸ばし始める儀式）・着袴《ちゃっこ》（初めて袴をはく儀式）、5歳頃の深曽木《ふかそぎ》（髪の毛先を切りそろえる儀式）、9歳頃の帯直《おびなおし》（初めて帯を締める儀式）などが始まりました。

これらの儀式を行う年齢は地域や階層、時代によってさまざまですが、やがて11月15日に行うことが通例となり、現在、「七五三」として受け継がれています。

戦国時代には捨て子が多かった

子どもが生まれることは喜ばしいことでしたが、貧しい庶民にとっては、子どもが多すぎると、育てられないという問題が起きました。特に、**飢饉《ききん》や災害、戦乱が続いた中世では、捨て子や堕胎（妊娠中絶）がしばしば行われました。**

戦国時代に来日した宣教師ルイス・フロイスは、日本の女性が頻繁に堕胎していたことや、育てられないと思った赤ちゃんの首に足を置いて窒息死させていたことを記録しています。もちろん、望んでこのような行為に及んでいたわけではありません。フロイスは、ある司祭（キリスト教の聖職者）が捨て子を助けたところ、その司祭は人々から「この噂が広まれば、毎朝、多くの子どもが司祭の館の前に捨てられるだろう」と忠告されたというエピソードを記しています。

江戸時代になっても、貧しい農家では、生まれた子を出生時に殺害する「間引《まび》き」がしばしば行われました。幕府や藩では、人口の減少によって年貢収入が減ることを恐れ、**堕胎や間引きを禁止し、出産の奨励を行い、育児手当を支給することもありました。**

5代将軍・徳川綱吉《とくがわつなよし》が出した「生類憐《しょうるいあわれ》みの令《れい》」は、犬や猫などの動物の保護を命じる法令でしたが、保護対象には捨て子も含まれていました。捨て子は、捨てられていた場所の住民が保護し、親が見つからなければ、そこで育てる決まりになっていました。

江戸時代の妊産婦は産後に寝られなかった

江戸時代、社会が安定していくと、農村では、結婚した夫婦を中心とする4〜5人の家族で農業を営むスタイルが一般的になります。**出産が可能になった女性のほとんどが結婚し、**

平均で4～5人の子を、40歳頃まで出産していました。乳児や子どもの死亡率は依然として高いものでした。

江戸時代の出産方法も坐産が一般的で、出産が始まると産婆（取上婆《とりあげばば》）に介助してもらいました。当時、**産科医は数が少なく、緊急事態でない限り呼ばれることはありませんでした。**特徴的なのは、**出産直後の産婦を「産《さん》椅《い》」という座椅子に正座で座らせたまま、最低7日間睡眠させないという過酷な習慣でした。**これは、産後に横で寝ると頭に血が上るという俗説が信じられていたためです。このほか、胎児が大きく育ちすぎないように、**妊婦のお腹を腹帯できつく締めるという習慣もありました。**

近代産科学の創始者とされる江戸時代中期の産科医・賀川玄悦《かがわげんえつ》は、こうした習慣による

出産を終えた産婦は産椅で上半身を起こして過ごしますが、疲労で寝てしまいそうになると、付き添いの家族が話しかけて眠らせないようにしました。この習慣のため、産婦の足腰は弱って歩行不能になることがあり、衰弱のため亡くなる場合もあったそうです。

出典：「春信婚姻之図」国立国会図書館

弊害を説き、やめるように訴え続けましたが、産椅や腹帯をきつく締める習慣はなくならなかったといいます。

また江戸時代では、出産を終えた女性は、母としての育児・教育の責任を問われることはありませんでした。出産は基本的に「家」に関することであったので、育児・教育は家長である父の責任となったのです。

堕胎や間引きが犯罪となった明治時代

明治時代になると、人口増加による富国強兵を目指す明治政府は、1869(明治2)年、「堕胎禁止令」を出し、さらに1880(明治13)年に施行した刑法で、「堕胎罪」を設けました。**これにより、堕胎や間引きは犯罪となります。**

また明治政府は、家制度(→P38)を確立させるため、「性」に関する情報を卑猥なものとして出版を禁じます。家を存続させるために、妻には出産が求められ、避妊はタブーとされたのです。このため避妊の知識は広まりませんでした。しかし、未婚での妊娠や、貧困などの理由で、堕胎は秘密裏に行われ続けました。

明治時代も高かった妊産婦・乳児の死亡率

江戸時代以前と同様、明治時代の出産は母子ともに生命の危険が高く、「棺おけに片足をつっこんだようなもの」とまでいわれました。明治時代初期は全国的な統計がありませんが、1892(明治25)年の静岡県東山口村(現在の掛川市)の場合、乳児(1歳未満)

の約3分の1が死んでいます。

明治時代後半に始まった全国的な人口統計によると、大正時代の妊産婦の死亡者数は年間7000人を超え、1940（昭和15）年でも、年間約5000人が亡くなっています。

また乳児（1歳未満）の死亡率も、1899（明治32）年の統計で約15％と高く、大正時代になるとさらに上昇します。これは、農村の女性たちが稲作だけでなく、養蚕や果樹栽培なども担当していたことが影響しています。**女性たちは1年中働き詰めだったので、保育時間が短くなってしまったのです。**

また、**疱瘡《ほうそう》（天然痘）や麻《ま》しん（はしか）などの感染症によって、多くの子どもの命が奪われました。**特に乳児死亡率は高く、スペイン風邪（インフルエンザ）が流行した1919（大正8年）は約19％に達しました。

妊産婦死亡数の推移

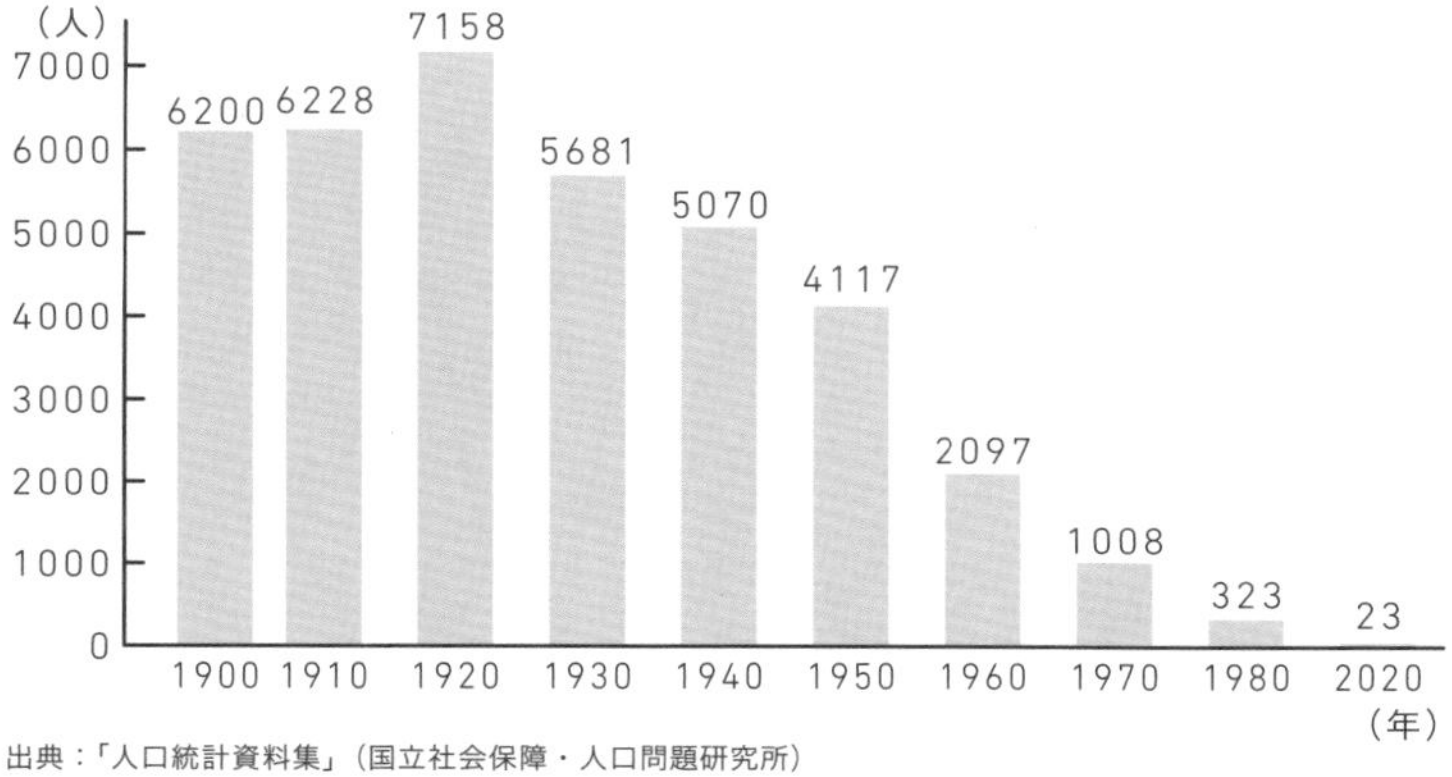

出典：「人口統計資料集」（国立社会保障・人口問題研究所）

乳児死亡率は、第二次世界大戦後、生活環境の改善や予防接種の普及などによって急速に改善していき、2022（令和4）年では、約1・8%にまで下がっています。

とはいえ、出産が母子の命に関わることであることは、今も昔も変わりません。女性が安心して出産・育児ができる環境をさらに整えていく必要があるでしょう。

明治時代に登場した西洋医学の女性産科医

明治時代初期には、西洋医学を学んだ女性の医師も登場しました。江戸時代後期に来日したドイツ人医師・シーボルトの娘だった楠《くす》本《もと》イネは、オランダ人医師から産科を学び、1870（明治3）年、東京で産科医院を開業しました。イネは宮内庁御用係にも選ばれ、明治天皇の第一皇子の出産にも立ち会っています。

荻《おぎ》野《の》吟《ぎん》子《こ》は1885（明治18）年に医術開業試験に合格し、日本最初の公認女性医師となり、産婦人科の病院を開きました。

1900（明治33）年、**東京女医学校（現在の東京女子医科大学）を設立した吉《よし》岡《おか》弥生《やよい》は、生徒たちの教材となるよう、自分の出産を見学させました。**

彼女たちは産科医・婦人科医として、日本の産科医療の近代化に貢献しただけでなく、女性医師が活躍する道をひらきました。現在、全医師に占める女性の割合は22%（2020年）を超え、増え続けています。

1910（明治43）年には、産婆規則が改正され、産婆になるためには、産婆試験に合格するか、指定学校・講習所を卒業すること

日本最初の女性産科医・楠本イネは、シーボルトと遊女・瀧《たき》との間に生まれました。シーボルトが長崎を去った後、西洋医学を学び、東京で産科医院を開業。人気を博しました。

出典：長崎歴史文化博物館所蔵

が必要になります。**消毒などの医学知識を備えた新産婆は、しだいに妊産婦に信頼されるようになっていきました。**

「産めよ殖やせよ」と期待された昭和初期の女性

大正時代後半より、日本は慢性的な不況に陥ります。こうしたなか、**婦人運動家の加藤シヅエは、避妊に関する知識を広めることで、子が多いことによる生活苦を解消しようとする「産児調節運動」を開始します。**昭和時代初期になると、産児調節は徐々に普及していきました。

しかし、人口増加による兵力増強を目指す政府は、加藤を危険思想の持ち主として検挙し、産児調節運動を壊滅に追い込みます。さらに、日中戦争が激化した１９４０（昭和

15）年、「国民優生法」を制定し、「悪質な遺伝性疾患を有する者」に対して永久不妊手術を促進する一方、「健全な素質を有する者」に対しては、**人口増加を目的に、堕胎や産児調節を禁止したのです。**

戦時体制が強化されていくなか、**女性たちは、「産めよ殖《ふ》やせよ」というスローガンのもと、「子宝部隊」として、将来の兵士を産むことを期待される存在となります。**10人以上の子を産んだ家庭は、「優良多子家庭」として表彰される一方、産児調節や堕胎を行う女性は非国民として扱われました。

戦後は人口削減のため人工妊娠中絶を合法化

第二次世界大戦後は一転して、敗戦による社会混乱や兵士の引き揚げなどによって人口増加が問題となります。

1948（昭和23）年、政府は人口の削減を目的に、戦前の国民優生法をもとにして「※優生保護法」を制定します。これによって、**刑法の堕胎罪の条文を残したまま、産婦人科医による人工妊娠中絶が合法化されました。**堕胎罪は今なお存続していて、妊娠中の女性が薬物などを使って中絶をすると、1年以下の懲役に処されることがあります（相手男性は罰せられません）。

また、日本では中絶に「配偶者の同意」が必要とされますが、これを法的に規定しているのは、日本を含め、世界でイスラム諸国を中心とした11か国・地域のみです（2023年現在）。**日本では現在でも、女性ひとりの意思で「妊娠した子どもを産まない」と決められる権利がないのです。**

※優生保護法のもと、障害者の強制不妊手術が行われたが、1996（平成8）年、差別的な記述が削除され、「母体保護法」に改正された。

出生率の低下と多様化する価値観

1950～1960年代には、国によって避妊による家族計画が奨励され、**「夫婦あたり子どもは2人」「夫は企業戦士、妻は専業主婦」**という家族が理想的とされます。そして、家庭内には実質、「父親不在」という状況が増えたため、「子どもは母親が育てるべき」という考え方が広まっていったのです。

しかし1970年代後半、未婚も含む女性の生涯出産数である「※合計特殊出生率」が、※人口置換水準である2・07を下回るようになると、少子高齢化が問題にされるようになり、2003（平成15）年には「少子化社会対策基本法」が制定されました。これにより、国が積極的に少子化対策を実行することになり、さまざまな施策を行っていますが効果は出ていません。

2022年現在、**合計特殊出生率は1・26と低くなっていますが**、1970年代以降、結婚した女性が産む子どもの数が大きく減っているわけではなく、**1組の夫婦は平均して2人の子どもを産んでいるのです。**

しかし、日本経済の停滞による晩婚化・非婚化などの影響で、1990年代にかけて本来起きるはずだった「第3次ベビーブーム」が起きませんでした。現在の少子化は、女性が産む子どもの数が減ったわけではなく、母親世代の女性が減ったことが最大の原因といえるでしょう。日本の人口減少はもはや避けられないことなのです。少子化対策については、まずは、出産後の女性が職場復帰するための支援を充実させ、男性も育児・家事に参

※15～49歳までの女性の年齢別出生率を合計したもので、ひとりの女性が一生の間に産むと想定される子どもの数。
※人口の増加・減少がなく均衡した状態になる合計特殊出生率のこと。

加しやすくするなど、女性が安心して出産・育児ができる環境を整えていくことが求められます。

また、女性が「子どもを産む」「産まない」と決める理由には、経済問題だけでなく、「夫婦の時間を大事にしたい」「キャリアを積みたい」など、さまざまな理由があります。これからの時代は、**出産について多様な価値観を認め、個人の判断を尊重することが大切です。**

出産年齢の高齢化に伴う国の対応なども求められています。女性の第1子の平均出産年齢は1970年では25〜26歳でしたが、現在では晩婚化に伴って、30歳前後に上昇しています。高齢出産や不妊治療も増加していますが、心身の負担も大きいものです。不妊治療には高額な費用がかかるため、制度の充実も叫ばれています。

また、欧米では主流になっている※無痛分娩も、日本では、「お腹を痛めて産んでこそ母親」といった古い価値観の影響や、無痛分娩に対応できる医療機関が少ないことなどから、その割合は8・6%（2020年の調査）と、まだまだ低いのが現状です。今後も、よりよい出産方法を女性自身が選択できる環境を実現していく必要があるでしょう。

※麻酔を使って出産の痛みを和らげる方法。

起きなかった第3次ベビーブーム

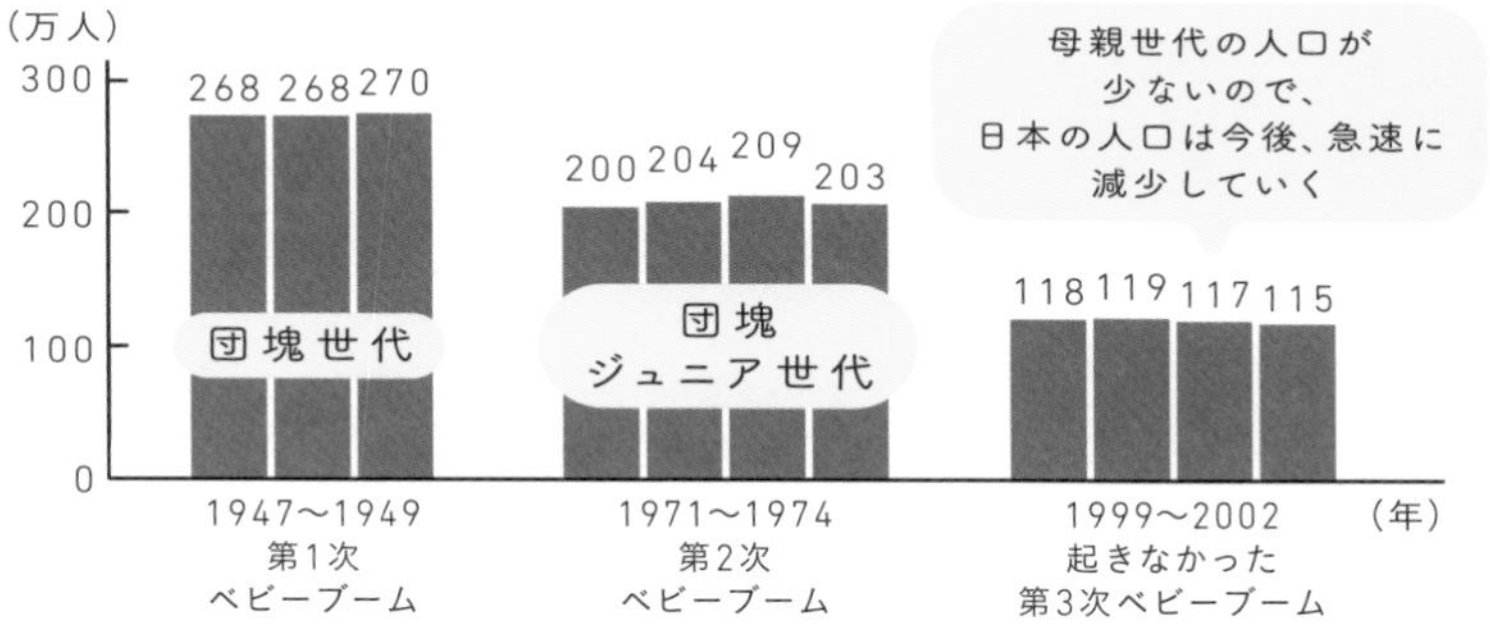

※第 1 子の出産平均年齢を 28 歳と考えると、第 3 次ベビーブームは 1999 〜 2002 年頃に起きたはずだが、幻に終わった。
出典：政府統計の総合窓口「e-Stat」（https://www.e-stat.go.jp/）

現代の出産に関する用語

「堕胎罪《だたいざい》」

堕胎を処罰する罪で、現行の刑法212条によって1年以下の懲役に処せられる。母体保護法によって、経済的理由などがあり、本人と配偶者の同意が得られているなど、一定の条件を満たした人工妊娠中絶の場合は、違法性はなくなる。

Chapter
4

教育

education

日本では今も理系分野に進学する
女性が少ないといわれています。
なぜ学問で男女の不均衡があるのか。
その理由を教育の歴史から
紐解いてみましょう。

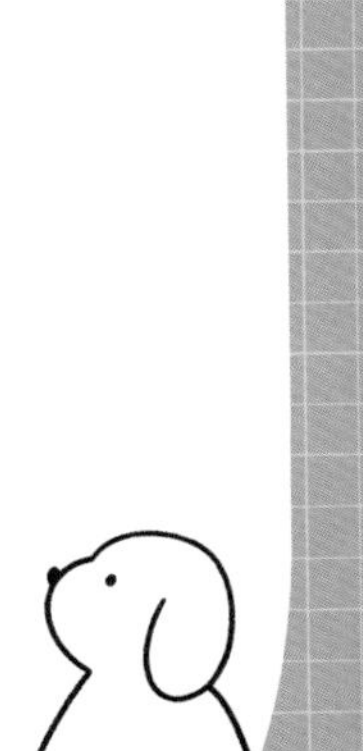

現代の「教育」にまつわる声

とりわけ平等が重視されるべき教育の場で、なぜ性差が生じているのでしょうか。歴史を振り返る前に、現代の声を聞いてみましょう。

女子と男子の成績評価を変える不正が過去にあったなんて信じられない
男子校、女子校。性別で学校を分ける意味ってあるのかな？

理系に進みたいけど、
なんで男子が多いんだろう
どんな人でも
教育を受ける権利はある!
いくつになっても
学びたい

現在でも日本では「理系女子」が少ない

「天才的な数学者」「優秀な物理学者」「神技の外科医」と聞いて、どんな人を想像しますか？

おそらく多くの人が男性を思い描いたのではないでしょうか。このような性別に結びついた無意識の偏見を「アンコンシャス・バイアス」（↓P10）といいますが、こうした偏見を生み出す理由のひとつに、**日本では数学や物理学などの理系分野に進学する女子学生が男子学生よりも圧倒的に少ないことが挙げられます。**女子の数学や理科の成績が男子より悪いわけではありません。理系女子が少ない理由として、男性が多すぎる学部を避けたい心理や、親が娘に理系への進学を望まないといった環境などが影響しているのです。

ではなぜ、男女によってこれほど進路選択に差が生まれたのでしょうか？ 日本の教育の歴史から考えてみましょう。

古代の日本人は渡来人から漢字を学ぶ

縄文時代や弥生時代、日本には固有の文字がありませんでした。狩猟・稲作のやり方などは、親から子に教えられたはずですが、記録が残っていないので、具体的な教育方法はわかっていません。

邪馬台国《やまたいこく》の女王・卑弥呼《ひみこ》（↓P163）は、中国の王朝「魏」から、「親魏倭王《しんぎわおう》」と漢字で刻まれた金印を贈られたとされますが、おそらく卑弥呼や邪馬台国の人々は、その漢字を読めなかったと思われます。

日本で漢字が使われ始めたのは、古墳時代の5世紀頃と考えられています。5世紀の古墳から出土した鉄剣や銅鏡に刻まれた銘文《めいぶん》に日本の人名・地名が見られるためですが、銘文を刻んだのは※渡来人だった可能性も指摘されています。

6世紀になると、中国大陸や朝鮮半島から仏教や儒教、政治制度などが伝わりました。当時、日本を支配していた「ヤマト王権」の人々は輸入された書物を理解するため、漢字を読む必要に迫られました。**当時の日本人に漢字を教えていたのは、渡来人でした。**日本で最初に出家して、百済《くだら》（朝鮮半島の国）に留学したのは、善信尼《ぜんしんに》（↓P116）という渡来人の娘です。このことから、**渡来系氏族の家庭では、女性にも漢字教育が行われていたことがわかりますが、具体的な教育方法はわかっていません。**

男性専用だった官僚の養成機関

607年、聖徳太子《しょうとくたいし》（厩戸王《うまやとおう》）は、隋《ずい》（中国の王朝）に遣隋使《けんずいし》と呼ばれる使節を派遣し、「日出《ひい》づる処《ところ》の天子《てんし》」という書き出しで知られる国書を隋の皇帝に送りました。**7世紀までには、ヤマト王権の上層部で漢字の読み書きをしていたことがわかります。**630年から9世紀にかけては、唐《とう》（中国の王朝）の制度や文物を取り入れるため遣唐使《けんとうし》が派遣されました。**遣隋使・遣唐使に任命されるのは、次代を担う優秀な人材でしたが、女性が選ばれることはありませんでした。**これは、中国の政治体制が父系・男性優位を基本原理とする※律令制《りつりょうせい》だったため、女性の使節を送るこ

※古代に、中国・朝鮮から日本に移住した人々。
※律（刑法）と令（行政法）に基づく政治体制

とが難しかったためと考えられます。

遣唐使によって律令制が導入されて律令国家体制が整うと、男性優位の考え方が日本に浸透していきます。律令国家では法律を作成して政治を行うため、官僚には漢字を読み書きできる能力が必要とされました。

このため公的な官僚の養成機関として、都に「大学寮《だいがくりょう》」、地方に「国学《こくがく》」が設けられました。これが日本で最初の教育制度といわれていま す。しかし、官僚になれるのは男性だけだったので、大学寮や国学で学べるのは男性に限られていました。**女性が教育を受けられる場所は、家庭しかなかったのです。**

また当時の庶民は、自分の名前さえ書けない人がほとんどでした。真言宗を開いた空《く》海《かい》は、828年、日本最初の庶民学校である「綜芸種智院《しゅげいしゅちいん》」を開設し、仏教や儒教を教えたとされますが、空海の死後は廃絶してしまいます。

古代の
教育に関する用語

「大学寮《だいがくりょう》」

律令制による官僚を養成するための学校。学生《がくしょう》は明経道《みょうぎょうどう》（儒教経典の研究）や文章道《もんじょうどう》（中国の詩文・歴史学）、明法道《みょうぼうどう》（法律学）などを学んだ。ただし、高位高官は藤原氏などの有力貴族が独占したため、大学寮を優秀な成績で卒業しても、出世することは難しかった。

平安時代に平仮名が女性用の文字になる

奈良時代、政治に参加していた女性たちは漢字の読み書きが必要とされました。天皇の娘（皇女）は皇子と同じ教育を受け、そのなかから優秀な女性は天皇に即位します。また、**後宮で男性官人とともに働く女官（女性役人）たちも漢字を使っていました。**このため、平安時代の初期まで漢文が得意な女性は高く評価されていたのです。

しかし、平安時代になると、後宮における女官の役割が小さくなり、女官として漢字を習得する必要がなくなっていきます。またこの時期に、漢字（※真名《まな》）の字体が崩されて「平仮名」が成立し、また、漢字の一部が取り出されて「片仮名」が成立します。この結果、**女性は平仮名を習得すれば充分と考えられるようになり、平仮名は「女手《おんなで》」とも呼ばれるようになります。**

ただ、学者の家庭などでは、父親が男児に漢文を教えるそばで、女児もいっしょに学習することがありました。その代表が、清少《せいしょう》納言《なごん》や紫式部《むらさきしきぶ》です。**漢文の教養を身につけた彼女たちは家庭教師として天皇の妃に仕え、漢文を教えました。**紫式部は幼少期、弟が父から漢文を教わっているときに、そばで聞いてすぐに覚えてしまったので、父は「お前が男でないのが残念だ」と嘆いたといいます。当時の女性は、基本的には漢文の習得は必要とされていなかったのです。

また、漢文と違って平仮名は日本語をそのまま表記できるため、漢文では伝えることが難しかった日本人独特の感覚や感情を表現できました。こうして、**女性たちは、平仮名を駆使して和歌や物語などで自己表現をするようになります。**和歌の名手として知られる和泉式部《いずみしきぶ》や赤染衛門《あかぞめえもん》をはじめ、『枕草子《まくらのそうし》』の清少納言や、『源氏物語』の紫式部など、平

※真名とは漢字のことで、仮名（仮の字）に対して真《まこと》の字という意味。仮名が生まれる以前、真名という呼称は必要なかった。

安時代に新しい文学作品を生み出したのは、**家庭教育で漢文の教養を身につけ、宮中に仕えた女性たちだったのです。**

中世も女性は家庭で教育を受けていた

鎌倉～室町時代になると、武士を中心に庶民でも仮名文字を読める人が増えていきました。**この時代、日本に学校はなく、教育機関の役割を担ったのは寺院でした。**武家や公家、庶民の男子は7～13歳ぐらいになると寺に寄宿し（または通って）、僧侶から漢字を含む手習いや、仏教や儒教の経典、日本の古典などを学びました。修行を終えると、出家して僧になる者もいましたが、元服《げんぷく》（成人式）後に、実家に戻って家業を継ぐ者もいました。

しかし、女子のほとんどは寺には入らず、家庭で教育を受けていました。家庭教育を受けるのは、おもに貴族や武家の女性でしたが、**庶民でも名主《みょうしゅ》などの有力農民の家では、女性が文字を習得していました。**

鎌倉時代の絵巻物である『春日権現験記絵』には、立札の文字を読む人々に混じって、女性の姿が描かれています。

出典：「春日権現験記」国立国会図書館

鎌倉時代には女性にも土地の所有権があったので、女性が平仮名で記した譲り状や手紙、売買証文などが残っています。また、室町時代の後期には、商工業が発達し、女性の商人や職人も活躍していました。**彼女たちは自分の仕事で記録が必要なため、文字と計算を習得していたそうです。**

江戸時代の女性に学問は不要とされた

江戸時代になって戦乱がなくなり、世の中が安定してくると、**江戸幕府は新しい儒学である※朱子学《しゅしがく》を重視し、公式な学問としました。**江戸時代を通じて、学問は男性武士が修めるべきものとされ、女性に学問は不必要であるという考え方が一般的になります。

朱子学では、人間関係には、君臣・師弟・親子・男女・夫婦などのように上下の身分秩序が存在すると考え、後者は前者に従うべきとされました。この考え方は、権力が秩序を維持するのに都合がよく、幕府は朱子学を政策に取り入れるようになったのです。こうして、**女性は父・夫・子に従うべきという「三従《さんじゅう》」などの朱子学的な考え方が社会に根づいていきました。**特に、主君から家禄《かろく》（世襲制の給与）を与えられる武士階級では、女性は夫に従うべきという考え方が強調されましたが、夫と協力して働かなければならない農家や商家では、妻の発言権は強く、実質的に家を切り盛りする女性もいました。

男女共学だった江戸時代の寺子屋

江戸時代の中期、経済の発展とともに**庶民**

※11世紀頃、中国の南宋で体系化された儒学の一学派で、秩序を重視した。

にも**「読み・書き・そろばん」といった基礎的な学力が必要とされるようになりました。**これに応えるため、庶民の初等教育機関として全国に設けられていったのが「寺子屋」でした。寺子屋の数は増え続け、幕末には全国で1万5000以上あったといわれます。

寺子屋のほとんどは男女共学で、師匠が教え子の学力に合わせて手本や課題を与え、マンツーマンで指導していました。入学年齢や修学期間は決まっていませんでしたが、おおよそ6〜7歳頃から4〜5年ほど通うのが一般的で、女子の就学率は都市部では高く、農村では低かったようです。

寺子屋の教科には、「読み・書き・そろばん」のほかに礼儀作法などがあり、**女子には裁縫や生け花なども加えられました。**

寺子屋の教師は「師匠」と呼ばれ、多くは運営者を兼ねていました。寺子屋の師匠になったのは武士や僧侶、神官、医師など、ほとんどが男性でしたが、**江戸などの都市部では、女性が運営したり、教えたりする寺子屋もありました。**幕末の江戸では、女性が運営する寺子屋の割合は全体の10％以上を占め、教え子も女子が多かったといいます。

近世の教育に関する用語

「三従《さんじゅう》《しょう》」

女性の従属的地位を示す三つの儒教道徳。女性は家では父に従い、結婚すれば夫に従い、夫の死後は子に従うべきとされた。女性は成仏できないという「五障《ごしょう》」（→ P118）とともに女性の宿命とされた。

寺子屋で使われる教科書は、※往来物《おうらいもの》と呼ばれ、約7000種ありましたが、このうち約1000種が女子用だったといわれます。

女子用の代表的な往来物には、「三従」の実践など、女性が嫁入り後に守るべき生活規範を記した『女大学《おんなだいがく》』や、女性の禁止事項を列挙した『女今川《おんないまがわ》』などがありました。

武家の女子の場合は、親や家庭教師による教育がほとんどでしたが、私塾に通う場合もありました。

寺子屋での授業風景を描いた絵。男女共学で、ほとんどの子は師匠を見ずに、騒いでいるのが伝わってきます。左上には、女性の師匠も描かれています。

出典：「文学万代の宝／始の巻末の巻」東京都立中央図書館所蔵

明治時代に少女たちがアメリカに長期留学する

明治時代になると近代的な学校教育を目指す明治政府は、1871（明治4）年、※岩倉使節団とともに、43人の留学生を派遣しました。このなかには、津田梅子ら5人の女子留学生も含まれていました。

女子留学生たちの乗船時の年齢は最年長が14歳で、梅子は最年少の6歳でした。そして、男子留学生は帰国後に即戦力として活躍する

※往復書簡（往来）の形式で編集された書物。江戸時代には民間で出版され、寺子屋の教科書として使われた。

※岩倉具視《いわくらともみ》を全権大使として欧米視察ために派遣された使節団。

ことを期待されていたため、留学期間は短期でしたが、**女子留学生は、実生活を通してアメリカ人女性が母として家庭内で果たす役割を身につけることが求められ、10年もの長期の留学期間が設定されました。**

女子の上級学校として高等女学校が設けられる

男女平等に教育を受けるべきという理念を

出発から11年後に帰国した津田梅子は、日本語や日本の習慣を忘れていたそうです。女子教育が重視されない日本に失望した梅子は、37歳で女子英学塾（後の津田塾大学）を設立しました。

出典：国立国会図書館「近代日本人の肖像」

掲げた明治政府は、1872（明治5）年に「学制《がくせい》」（↓P211）を公布しました。これによって、全国に大学・中学校・小学校が設立されることになり、**満6歳になった男子と女子は小学校に通うことが義務づけられました。**

しかし、小学校に通うには授業料を払う必要があり、また、農家の子どもは農作業を手伝うための貴重な労働力だったので、明治時代の児童全体の就学率は、30〜40%と低いものでした。特に女子の就学率は低く、1875（明治8）年の統計では、男子が50%を超えたのに対し、女子は19%に達しませんでした。これは、**女子にとって学校教育は必要がなく、有害であるとさえ考えられていたためです。**

こうした実情をふまえ、1879（明治

小学校の就学率の推移

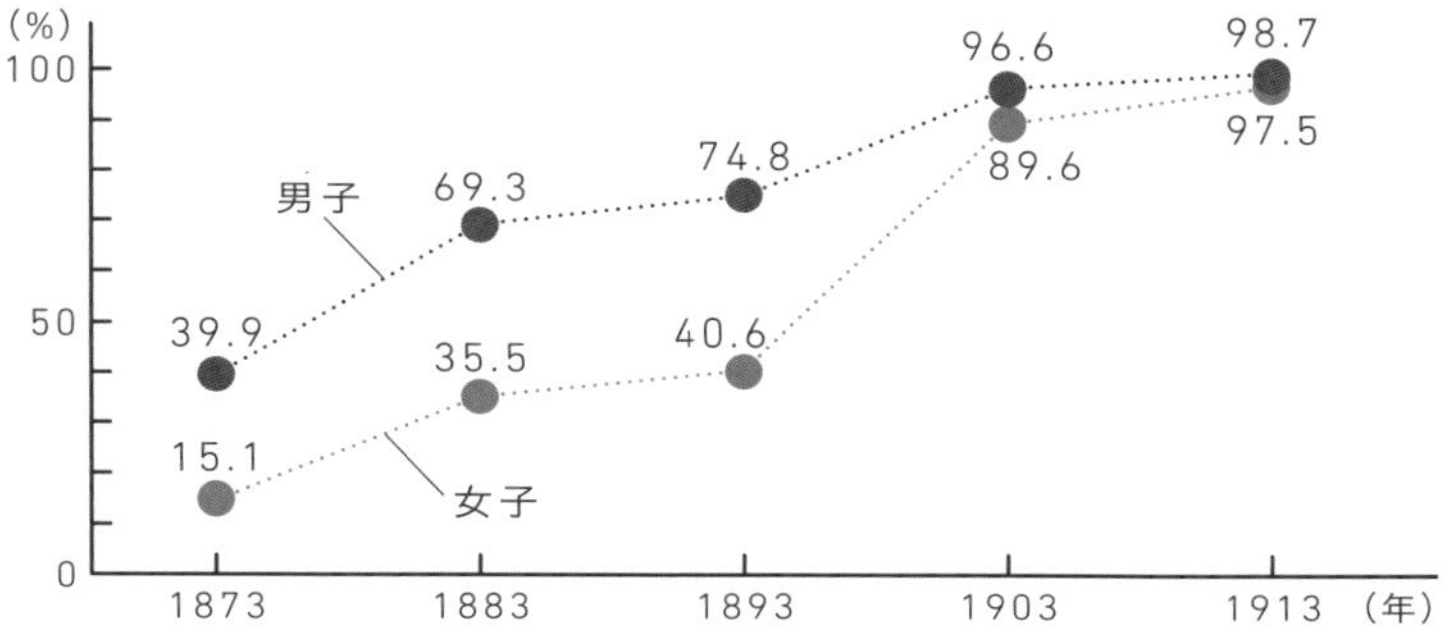

※ 1900年代、小学校の就学率は100%に近づいたが、家事や家業の手伝いなどのため中退者も多く、特に女児は40%弱が中退したとされる。
出典：「学制百年史」（文部省）

12）年、**男女共通教育を目指す学制が廃止され、「男女別学」の規定を設けた「教育令」が公布されます。**1891（明治24）年には、小学校の低学年を除いて、男女別学が原則とされました。

明治20年代には、女子にも教育が必要という考え方が広まった影響などで、女子の小学校への就学率は増えていき、1897（明治30）年には50％を超えます。進学を希望する女子も増えて、女子の上級学校が求められるようになると、1899（明治32）年、**男子が通う中学校と並んで、女子が通う「高等女学校」が成立しました。**男女とも同じ「中学校」という段階であるのに、女子だけ「高等」がつけられているのは、女性にとってそれ以上の教育機関が存在しないことを意味しました。

女子学生は高校・大学に進学する道が閉ざされる

高等女学校の修業年数は原則4年で（男子中学校は5年）、**学科については家事・裁縫の占める割合が高く、数学や理科の割合は低いものでした。**女子には家庭で役立つ実技教育が重視され、「結婚して※良妻賢母（↓P21）となること」が求められたのです。そして、高校に入れるのは男子だけだったので、**女性は高等女学校を出ても、一部の例外を除いて、大学に進学する道は閉ざされていたのです。**また、職業に結びつく教育資格は、産婆（現在の助産師）や教師などに限られていました。

高等女学校に入学できた女子は、いわゆるエリート層が中心で、進学率は1915（大正4）年で、わずか5％でした。また、農村

高等女学校と男子中学校の授業時数

高等女学校（4年制）		男子中学校（5年制）	
修身	8	修身	5
外国語	12	外国語	34
数学	8	数学	20
理科	7	博物	6
家事	4	物理・化学	8
裁縫	16	法制・経済	3

※明治34（1901）年の全学年の週間教授時数の合計。高等女学校の授業時数は男子中学校と比べて、修身（道徳）が多く、理数系が少なかった。また、家事や裁縫など、男子中学校にはない授業も多かった。
出典：「学制百年史」（文部省）

※「夫に対して良き妻で、子に対して賢い母」という意味で、戦前の日本で女性の理想像とされた。

部の女子は小学校に就学しても多くが中退してしまいました。**女子が小学校を当たり前のように卒業できるようになるのは、昭和時代の初期になってからでした。**

1903（明治36）年には、「専門学校令」が公布され、津田梅子の女子英学塾（現在の津田塾大学）や吉岡弥生（↓P70）の東京女医学校（現在の東京女子医科大学）などの私立女学校が次々と「専門学校」として国に認可されていき、ほかにも数多くの女子の高等教育機関が設立されました。女性の社会進出が進んだ大正時代には東京女子大学などが創設され、さらに、羽仁《はに》もと子《こ》の自由学園や、西村伊作《にしむらいさく》の文化学院（男女共学）など、**国の学校令によらない自由主義的な女学校も設立されていきました。**

「女らしい教育」として家庭科が誕生する

敗戦後、GHQ（連合国軍総司令部）の指令によって、政府は男女間の教育の機会均等などの方針を定めました。これにより、女子には入学を許されなかった国立大学にも門戸が開かれ、**1946（昭和21）年、東京大学や京都大学などで初めての正式な女子学生が誕生しました。**

その翌年、「教育基本法」と「学校教育法」が公布され、小学校6年・中学校3年の義務教育に、高校3年・大学4年の学校制度が始まりました。

教育基本法では、「男女共学」が認められ、男女が平等に教育を受ける権利が保障されました。しかし、学校教育法には男女共学や教育内容の共通性については触れられておらず、**高校については必ずしも男女共学でなくてもよいとされました。**このため、現在でも群馬県や埼玉県、栃木県などでは、公立の男子高校・女子高校が数多く存在しています。

また、戦前から続く「女らしい教育」を求める声に対応するかたちで、**戦後に新教科として「家庭科」が登場しました。**家庭科は小学校では男女同一の内容を学ぶ教科でしたが、1958（昭和33）年から、中学校において、**男子向きの「技術科」と、女子向きの「家庭科」に分けられます。**高校の家庭科は選択教科としてスタートしましたが、その後、「家庭一般」として、1973（昭和48）年から女子のみ必修になりました。こうして、**教育現場においても、「男は仕事、女は家庭」という価値観が育てられていき、**進路についても、女性は看護・商業関係の学科に向いているという考えに沿って指導が行われるようになったのです。ちなみに現在では、家庭科は小中高を通して、男女ともに必修科目となっています。

今も残る専攻分野での男女の不均衡

1948（昭和23）年、戦前に専門学校として認可された私立女学校から、日本女子大学や津田塾大学、東京女子大学などが新制大学として設立され、その後も多くの専門学校が女子大学に昇格しました。また、1950（昭和25）年から設置された日本の短期大学（短大）は、1960年代の半ばから急激に増加し、**短大の女子学生の比率も1967（昭和42）年には8割を超えました。**

高度経済成長期の多くの企業では、若い女性は、男性社員の花嫁候補として採用されることが多く、女性社員は専門的な仕事をこなすことを求められていなかったため、四大卒より2歳若い短大卒の女性の方が就職しやすいというメリットがありました。そうした女性社員は結婚退社して家庭に入ることが一般的だったため、短大を「花嫁学校」と揶揄《やゆ》する人もいました。また、幼稚園教諭や保育士、栄養士、介護福祉士など、女性が多い専門職を短大で養成していたことも、短大に女子が多かった理由です。

「女性は結婚や出産で離職する」という意識は今も根強く残っていて、こうした意識によって優秀な女性が活躍できない状況が生み出されることがあります。２０１８年には、東京医科大学の一般入試で女子受験者の得点を一律減点し、女子の合格者数を抑えていた事実が発覚しました。多くの女子学生の努力や才能が無下にされてしまう、あってはならない不正です。

また、２０２２年の大学の専攻分野における統計を見ても、人文科学や教育、薬学・看護学などの分野では女子学生の比率は、およそ60～70％と高くなっていますが、理学や工学、医学・歯学などの分野では女子学生の比率は40％以下になっています。**こうした男女の不均衡は、残念ながら今なお多くの教育現場で見られます。**性別に関係なく、誰もが自分が好きで得意な分野を選択できるように、社会から偏見をなくしていくことが大切です。

大学の専攻分野別女子学生の割合

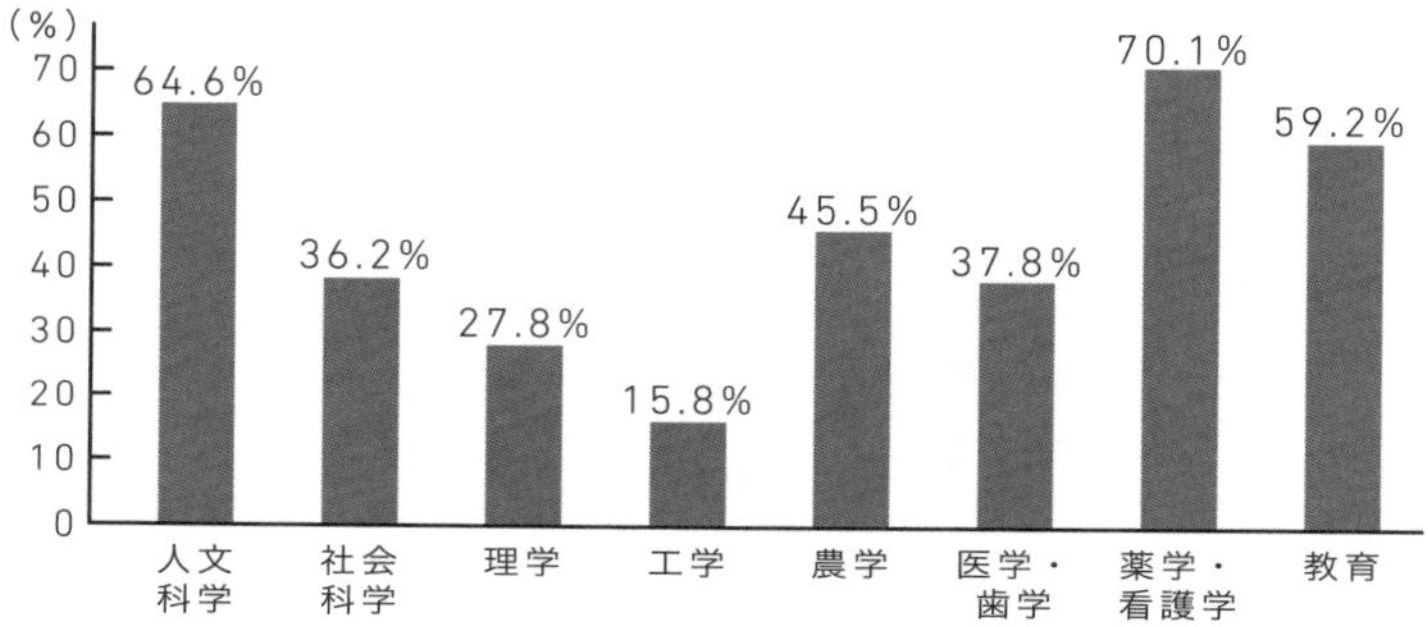

※ 2022 年の大学（学部）の統計。大学全体の女子学生が占める割合は 45.6% で、ほぼ半数。工学と理工の分野で、女子学生の割合は特に低い。
出典：「男女共同参画白書 令和 5 年版 全体版」（内閣府男女共同参画局）

Chapter 5

同性愛

homosexuality

「LGBT」という言葉が広く
認識されるようになってきましたが、
同性愛に対する誤解や偏見もいまだ
残っています。
日本の同性愛の歩みを、
歴史から明らかにしてみましょう。

現代の「同性愛」にまつわる声

同性愛者が異性愛者と同じ婚姻・社会制度を享受できないことが人権を侵害するとして議論が続いています。歴史を振り返る前に、現代の声を聞いてみましょう。

なぜ日本では同性どうしで結婚できないの

昔の同性愛者は
どんな生き方をしていた?

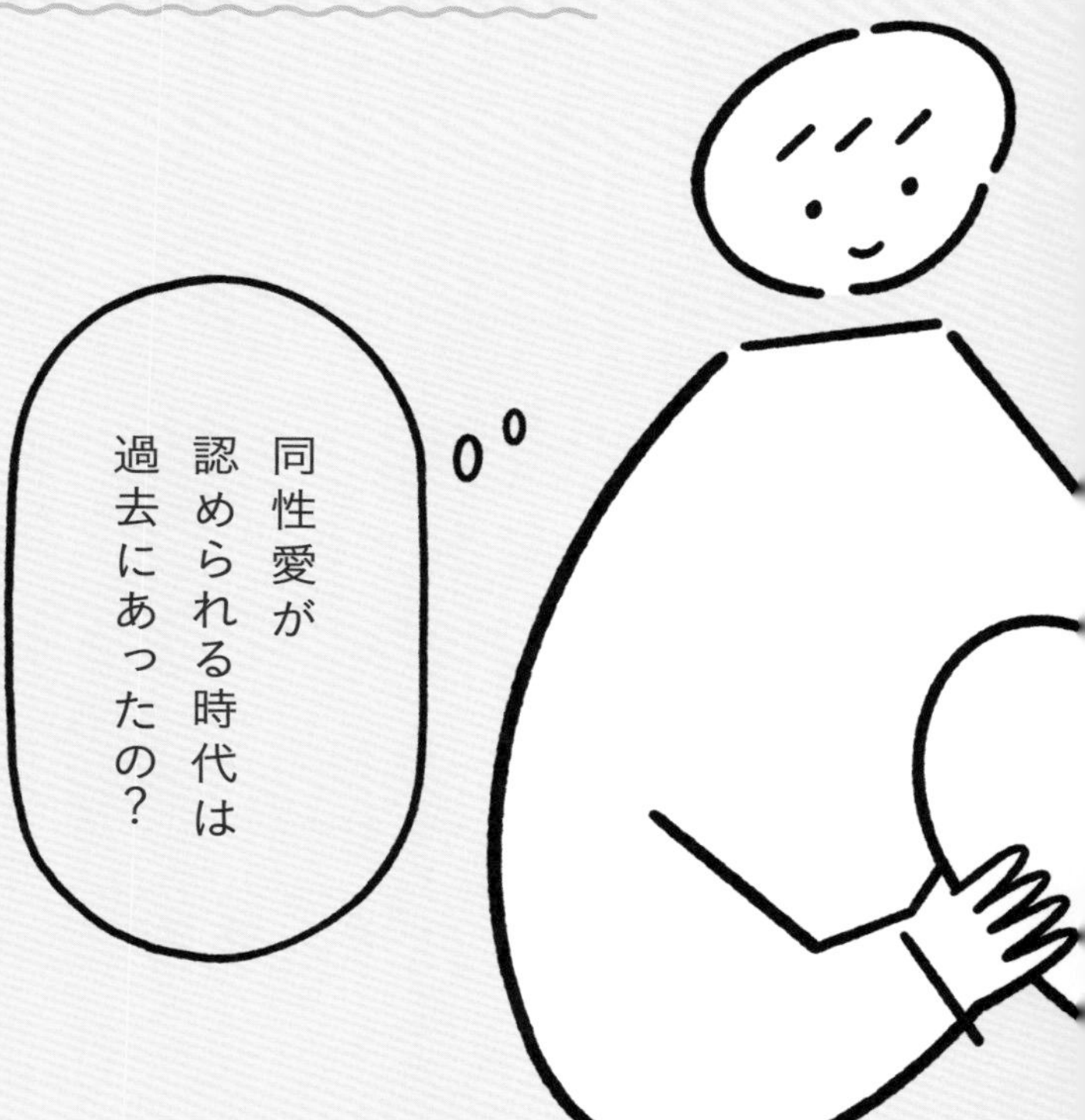

好きな人と
法的・社会的に認められたい

「LGBT」から考える 多様な性のあり方

最近、「LGBT」という言葉をよく耳にするかと思います。**LGBTとは「レズビアン」**（女性の同性愛者）**・「ゲイ」**（男性の同性愛者）**・「バイセクシャル」**（両性愛者）**・「トランスジェンダー」**（※性自認が出生時に割り当てられた性別とは異なる人）の頭文字を取って組み合わせたもので、人口に占める割合が約5％と少ないことから「セクシュアル・マイノリティ」（性的少数者）と呼ばれることもあります。LGBT以外にも、「クエスチョニング」（性自認が定まっていない人）など、さまざまな性的少数者がいます。LGBTと合わせると全人口の8％程度を占めるといわれています。

性のあり方は「グラデーション」といわれ、性別の境界ははっきりとしていないと考えられています。※LBGTQの枠にあてはまらない人もいます。性は本来、多様で豊かなものなのです。

日本でも、LGBTという言葉は広く認知されるようになりましたが、理解が深まり、差別が完全に解消されているとはいえません。**多様性のある社会を実現するためには、LGBTへの理解を深めることは重要です。**日本の歴史における女性同性愛の歴史を、男性同性愛の歴史とともに、調べてみましょう。

日本のレズビアン 記録がほとんどない

日本で、女性の同性愛に関する記録は、ほとんど残っていません。レズビアンを扱った

※自分が認識している性のことで、「心の性」とも呼ばれる。
※LGBTにQ（クエスチョニング）を加えた総称。

LGBTQとは

L Lesbian レズビアン	身体の性は女性・心も女性で、恋愛対象は女性。
G Gay ゲイ	身体の性は男性・心も男性で、恋愛対象は男性。
B Bisexual バイセクシャル	両性を好きになる人。女性なら身体の性も心も女性で、恋愛対象は男性と女性。
T Transgender トランスジェンダー	生物学的・身体的な性、出生時の戸籍上の性と性自認が一致しない人。
Q Questioning クエスチョニング	心の性や恋愛対象が揺れ動いたり定まらなかったりする人。特定の枠にはまらない。

※「Q」は性的少数者の総称「Queer（クィア）」を意味する場合がある。
出典：法務省資料「あなたが　あなたらしく生きるために 性的マイノリティと人権」より作成

最古の日本文学は、鎌倉時代に記された物語『わが身にたどる姫君』（作者不明）とされます。

この物語には、※斎宮《さいくう》だった女性が、伊勢神宮から京都に戻った後、女房（住み込みの侍女）たちと次々に性的関係をもつ場面が描かれています。しかし、**女性どうしの愛やその心理が描かれているわけではありません。**天皇の娘という高貴な女性が同性と性的関係をもつというショッキングな場面を描くことで、読者の興味をひこうとしたと考えられています。

平安貴族が残した男性の同性愛の記録

男性の同性愛の記録も多くはありません。

平安時代末期、保元《ほうげん》の乱（1156年）で敗死した藤原頼長《ふじわらのよりなが》は、自分の日記『台記』に、

※伊勢神宮に仕える未婚の皇女（天皇の娘）。天皇の代替わりごとに交替した。

7人の貴族男性と性的関係を結んでいたことを記しています。諸説ありますが、当時の貴族の日記は、現代のような私的な記録というより、子孫に伝えるべき一族の記録という意味が強かったと考えられています。**頼長は強い意志をもって、自らの同性愛の経験を記録していたことは確かなことでしょう。**

頼長の同性愛は、「閉ざされた人間関係」の間で起きたことも特徴です。「貴族世界」で権力を握るためには、親密な人間関係を築いて、自分の派閥を広げることが重要でした。頼長が男性との性的関係を広げたのは、**政治的な意味が含まれていた可能性もあります。**ただし、頼長は従者や警護の武士など、権力とは無縁の男性たちとも性的関係をもっていたり、頼長以外に同性愛によって派閥を広げようとした有力貴族が記録に残っていないことなどから、頼長が純粋に男性を愛していたことは間違いないといえるでしょう。

男性どうしが性的関係を結ぶことは、武士の主人と若い従者との間でも見られました。戦場に女性を連れて行けないこともあり、命をかけてともに戦う仲になるには、性的な関係がプラスに作用したのかもしれません。貴族や武士たちの同性愛は、「相手が男性だったから」というより、強い絆を築くためのものだったとも考えられます。

閉鎖的な集団内での代償的な同性愛

日本史において、異性と接する機会がないために一時的に起こる代償的な同性愛もありました。中世以降、女人禁制の寺院で、僧侶と稚児《ちご》（僧に師事する少年）との間に同性愛が頻繁に見られたことが記録されています。

女性でも、江戸時代には江戸城の大奥や、女性の牢獄、遊郭の妓楼《ぎろう》など、**女性だけが閉鎖的な集団生活をする場合に同性愛が見られたといいますが、史料は残っていません。**

中世の寺院では、僧が稚児を性愛の対象にすることもありました。当時の僧たちの宴会を描いたこの絵には、まるで女性のように長い髪を束ねて、華やかな着物を着る稚児が酌をしている姿が描かれています。

出典：「春日権現験記」国立国会図書館

男色は少年愛であり男性同性愛ではない

日本の男性同性愛は、「男色《なんしょく》」「衆道《しゅどう》」と呼ばれますが、現在の男性同性愛者を意味する「ゲイ」とは違います。**日本の男色の特徴は、「主君と従者」「僧侶と稚児」などに見られるように、年長者が年少者に向かう「少年愛」が基本。**両者の間には、ほとんどの場合、従属関係があるのです。つまり、必ずしも両者が合意の上で性的関係を結んだわけではないのです。そして、男色を経験した年少者は、成人になると、今度は自らが年少者を愛するようになります。こうして、男色愛好者がくり返し生み出されていくのです。

そもそも「男色」の「色」とは、恋愛や情事を意味する言葉でした。「色」は、実生活

男色・女色と男性同性愛の違い

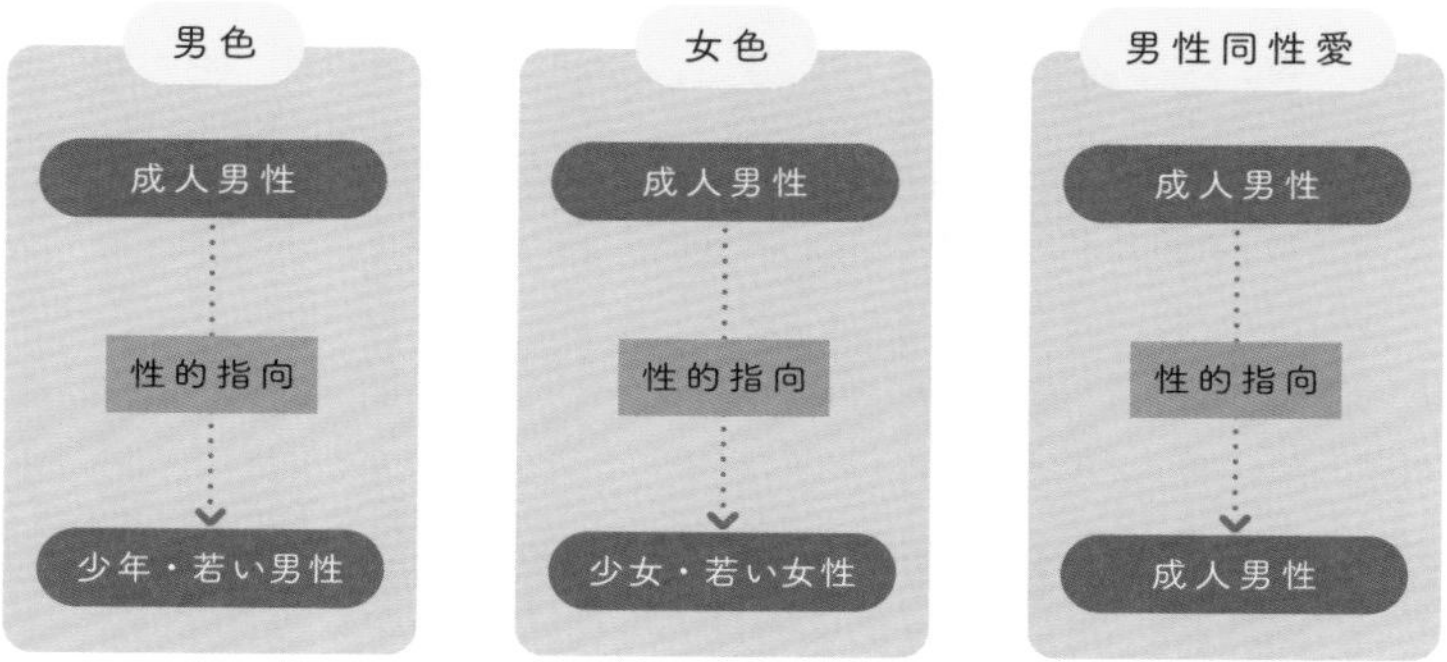

※「色」の主体は必ず成人男性で、性的指向はおもに未成年に向けられた。江戸時代に、成人男性が成人男性に向ける性的指向を表す言葉は存在しなかった。

において、結婚して子を産み、家を維持していくための生殖行為とは区別されていました。江戸時代、**「男色」とは成人男性が陰間《かげま》（若い男娼）を買うことで、「女色《にょしょく》」とは成人男性が遊女を買うことでした。**「色」とは、男性目線の言葉だったのです。なかには陰間に女装をさせて性的行為に及ぶことも多くあったようです。

女装した陰間が、若い男に先導されて客のもとに向かう場面です。

出典：「江戸男色細見」国立国会図書館

このように、**「男色」は、現在の成人男性どうしの性愛を基本とする「男性同性愛」とは大きく違っていました。**「男色」を好む男性には、恋の相手である少年との情愛は、あくまでかりそめのもので、「生涯をともにしたい」という意識はなかったようです。もちろん、成人後も男性どうしのカップルは存在したはずですが、男性同性愛者の記録は残っていません。

「女性同性愛」を表す概念や言葉もなかった

では、江戸時代の女性の同性愛はどのようなものだったのでしょう。当時の春画（性交場面を描いた絵画）には、ふたつの張型《はりがた》（男性器を模した女性用の性具）を連結した「互《たがい》形《がた》」という性具を使う女性たちを描いた作品があります。こうしたことから、江戸時代に女性の同性愛が存在していたと考えられますが、当時は、「色」の概念はあっても、「同性愛」を表す概念がありませんでした。また、**「色」は、男性のためだけの言葉だったので、女性どうしの性愛を意味する言葉は存在しなかったのです。**

女性どうしの性愛が、「男色」と同じように、成人女性が少女（娘）と関係するのが基本だったのかどうかもわかっていません。女性どうしのカップルは存在したはずですが、男性同性愛者と同じくカミングアウトすることは社会的に不可能だったので、記録にはありません。

江戸時代には、お花見や盆踊りで、女装・男装することがよくありました。歌舞伎の女《おんな》形《がた》は、日常でも女装で生活していたといいます。また、江戸の※深川芸者は、男装をして男言葉を使い、男らしい気風《きっぷ》のよさを売りにして人気を集めていたそうです。江戸時代以前の日本では、男女の境界は現在よりもかなりあいまいで、**「成人」と「未成年」を区別する境界の方が明確に意識されていたといえるでしょう。**

明治時代も女性同性愛は認識されなかった

明治時代になると、日本の西洋化を目指す明治政府は、男女の混浴や立ち小便（男女とも）、男女で行う相撲、男装・女装などを禁止し、違反すれば逮捕・罰金となりました。こうして、男女の区別が明確にされていったのです。

男色文化は、明治時代以降も続いていきました。現代では、「硬派」といえば「男気がある・気骨がある」という意味で使われ、「軟派」はその反対の意味で使われますが、もともと**硬派は「男色」を意味し、軟派は遊女を買う「女色」を意味していました。**九州南部には、年長者が年少者に性的関係を強要する硬派の男色文化が色濃くあったためか、学校制度が始まると、男子学生の間で男色が広まりました。同性愛を異常なものとする西欧諸国に男色文化を非難された政府は、男色を禁止するため、１８７３（明治６）年に「鶏姦《けいかん》律《りつ》」を定めて、鶏姦（男色）を厳しく禁止しました。

明治時代になって、**男性同性愛という概念が西洋から日本に入ってきたとき、当時の日本人は「男色と似たもの」と理解し、また西洋人も男色を男性同性愛として認識していま**

※深川（東京都江東区）で活動した芸者。

した。しかし、女性同性愛については、男色のような似た概念がなかったため、どのように理解すればいいのかわからず、不安や恐怖を感じる人がほとんどでした。**こうして女性同性愛は「理解できないもの」として、社会的に警戒されるようになったのです。**

明治時代になると、男装・女装は法的に禁止されました。写真は、妻が女装していた男性であることが役所に発覚したため、離婚を強制され、妻の男性が髪を切られたことを報じた新聞です。

出典:「東京日々新聞八百十三号」東京都立図書館所蔵

昭和時代初期に※富美子・エリ子事件など、女性どうしの心中事件がたびたび報道されるようになると、「女性同性愛は危険」というイメージが広まりました。その後もレズビアンに関する正確な情報が社会的に広まることはなく、理解されにくい状況が続いています。このことは、日本社会が女性を抑圧していることと無関係ではないでしょう。

混同されがちな性自認と性的指向

近代国家は、国力を増強させるために、人口を増加させる必要がありました。20世紀のフランスを代表する哲学者のミシェル・フーコーは、同性愛はギリシア神話に見られるよ

※1935(昭和10)年に起きた銀行頭取の令嬢・増田富美子と女優・西条エリ子による心中未遂。

うに古代より自然なものであったのに、権力が人口増加を目指すようになると、子どもが生まれない同性愛を異常とする考えが広がったと指摘しました。

明治政府も、**人口増加につながる異性愛を「正常な性」とし、人口増加につながらない同性愛を「異常な性」として否定していきます。**もともと日本は、男女の性別の区別があいまいな文化でしたが、近代になると、男女は明確に区別され、男性を女性より優位とする社会がつくられていったのです。

こうした意識は戦後にも根強く残り、現在も性的少数者に対する誤解や偏見、差別が見られます。**レズビアンの女性は、「女性に対して恋愛・性愛感情を抱く女性」で、トランスジェンダーの女性は「出生時に割り当てられた女性という性別に違和感をもつ女性」**です。レズビアンの女性だからといって**「性自認」**（自分が認識している性別）に違和感をもっているわけではありません。「性自認」と「性的指向」は異なる概念ですが、混同されやすく、「レズビアンの一方は必ず男装している」などの誤解にもつながっています。レズビアンやゲイの方の中には、「ＬＧＢＴ」とひとくくりに表現されることに違和感を抱く方もいるといいます。

日本で認められない同性婚の法制化

本来、相手が異性であろうと、同性であろうと、愛し合うふたりがともに暮らしていきたいと願うならば、結婚を認めるべきでしょう。現在、世界では、同性婚の合法化が進んでいますが、日本では認められていません。

現代の同性愛に関する用語

性的指向と性自認は英語の頭文字をまとめて「SOGI（ソジ）」と表現される。

「性的指向《せいてきしこう》」

(Sexual Orientation)
どのような性別の人に恋愛感情をもつかということ。レズビアンは女性、ゲイは男性、バイセクシャルは男性・女性の両方が対象になる。トランスジェンダーの場合は、男性・女性のどちらも対象になる場合がある。

「性自認《せいじにん》」

(Gender Identity)
自分の性をどのように認識しているかということ。「心の性」ともいわれる。多くの人は出生時に割り当てられた性別（身体の性）と性自認が一致している「シスジェンダー」だが、トランスジェンダーの人は身体の性と性自認が一致しない。

2024年3月現在、同性婚は欧米や中南米、オセアニアなどを中心に37の国・地域で法的に認められていますが、**G7（主要国首脳会議）の構成国の中で、同性婚が認められていないのは日本とイタリアだけです。**そのイタリアも、2016年に同性カップルに結婚に準じた法的権利を与える※シビルユニオン法が成立しています。

もともと欧米諸国は同性愛に否定的でしたが、「すべての人間は平等な権利をもつべき」という考えのもと、法整備を進めてきました。また、幼少期からLGBTについての教育が行われ、「パパがふたりの家族」「ママがふたりの家族」といった多様な家族のあり方が教材に紹介されています。

※養子縁組ができない、貞操義務がないなどの特徴がある。

同性婚が認められている国・地域

北アメリカ	カナダ・アメリカ
中央・南アメリカ	アルゼンチン・ブラジル・ウルグアイ・メキシコ・コロンビア・エクアドル・コスタリカ・チリ・キューバ
ヨーロッパ	オランダ・ベルギー・スペイン・ノルウェー・スウェーデン・ポルトガル・アイスランド・デンマーク・**フランス**・**イギリス**・ルクセンブルク・アイルランド・フィンランド・マルタ・**ドイツ**・オーストリア・スイス・スロヴェニア・アンドラ・エストニア・ギリシャ
オセアニア	ニュージーランド・オーストラリア
アジア	台湾・ネパール
アフリカ	南アフリカ

※ 2024 年 3 月時点。色字は G7 構成国。
出典：NPO 法人 EMA 日本

同性婚が認められないことによる不利益

同性婚が法的に認められなければ、同性カップルは法律的には家族ではなく「他人」として扱われます。このため、パートナーが亡くなっても財産を相続できなかったり、生命保険の受取人になれなかったり、配偶者控除などの税制面での優遇を受けられなかったりします。また、医療の場面で命に関わるときにそばにいられなかったり、病状を説明してもらえなかったりする場合もあります。このように、**同性婚が法的に認められなければ、さまざまな不利益が生じてしまうのです。**

世論調査によると、若い世代を中心に、同性婚の法制化に多くの人が賛成しています。異性を愛する人でも、同性を愛する人でも、

同性カップルの場合に起きる不利益の例

住居

・多くの公営住宅で同性カップルの入居は認められていない。
・民間住宅でも同性カップルの入居は困難な場合が多い。

相続

・パートナーが亡くなったとき、法定相続人になれない。
・遺言によって相続した場合、相続税の税額軽減がない。

医療現場

・パートナーが医療機関に運ばれたとき、付き添いや病状説明を断わられる場合がある。

養育

・連れ子や養子などを共同で養育する場合、共同親権が認められない。

平等な権利をもてる社会を築くことが、これからの日本に求められているといえるでしょう。

Chapter 6

宗教

religion

日本人の多くは特定の宗教を信仰しない
「無宗教」ですが、その一方で
新興宗教などの信者には
女性が多いといわれています。
日本の女性たちは宗教とどのように
関わってきたのでしょうか。

現代の「宗教」にまつわる声

宗教と性別は一見して関わりがないようにも思えますが、実は女性の歴史に深く関わってきました。歴史を振り返る前に、現代の声を聞いてみましょう。

宗教と女性ってどんな関わりがあるの？

無宗教だけど、信仰についての知識を深めたい

「神聖な場所ってどうして女人禁制なんだろう」

日本の新宗教には女性の信者が多い

ほとんどの日本人は、仏教や神道、キリスト教などの既存の宗教に対して、日常的に宗教活動を行っていません。正月には神社に初詣をして、お盆には墓参りを行い、クリスマスには家族でパーティーを開くなど、宗教を行事として受け入れているのが一般的でしょう。**現在、日本人の6割以上は宗教を信仰していないとされます。**

その一方で、新宗教（新興宗教）の信者も多く、日本人のおよそ1割を占めると推定されています。そして、**新宗教の信者には女性が多いとされているのです。**

日本の女性たちにとって、宗教はどのような役割を果たしてきたのでしょう？　日本の宗教の歴史から考えてみましょう。

縄文の精霊信仰から弥生の穀霊・祖霊信仰へ

縄文時代の人々は、精霊《せいれい》を信じていました。精霊は人間の力を超えた不思議な力をもつとされ、山や木、石などの自然物に宿ると考えられていました。こうした宗教を**「精霊信仰」（アニミズム）**といいます。縄文人たちは願いごとをかなえるために、祭祀を行って精霊を招き、呪術によって精霊の神秘的な力に働きかけていました。**縄文遺跡から出土する土偶（→P59）は祭祀の道具に使われたと考えられる女性像です。**このため、祭祀や呪術に女性が深く関わっていたと考えられています。

稲作や定住生活が本格的に始まった弥生時代には、精霊信仰に代わって、穀物の霊に豊作を祈る**「穀霊《こくれい》信仰」**や、祖先の霊を崇拝する**「祖霊《それい》信仰」**が中心となっていきます。そして、祖霊のお告げを聞くことができる巫女《みこ》（シャーマン）が誕生し、巫女が共同体のリーダーとして、農作業や祭祀を指導するようになったのです。このような巫女の代表が、邪馬台国《やまたいこく》の女王・卑弥呼《ひみこ》（↓P163）です。**卑弥呼は、神がかり状態になって神のお告げを伝えたとされます。**

古墳時代に天皇が全国の祭祀を取りしきる

古墳時代、近畿地方に誕生した「ヤマト王権」は、各地で勢力をもつ豪族たちを支配下に置き、大王《おおきみ》（古代の天皇）を頂点とする国家をつくり上げました。ヤマト王権が征服戦争をすることなく豪族たちを従えることができたのは、豪族たちが信仰する祖先の霊（首長霊）を重んじたためだといわれます。ヤマト王権は、大王の首長霊（天照大御神《アマテラスオオミカミ》）が、豪族の信仰する首長霊を従える序列をつくり出すことによって、大王を頂点とする支配体制を確立したのです。

この「首長霊信仰」に、精霊信仰や穀霊信仰などが結びついて、「原始神道」（日本固有の神道）が誕生したといわれます。原始神道と女性との関わりは明確にはわかりませんが、最高神が女神（天照大御神）であることは世界的にも珍しく、卑弥呼のような巫女がモデルになっているという説もあります。また、『古事記』には、天《あめ》の石屋《いわや》に身を隠した天照大御神を引き出すために、女神・天宇受売《アメノウズメ》が踊り狂ったという神話が記されていることから、**原始神道の祭祀で女性が巫女的な役割を**

果たしていたことがわかります。

僧と尼の立場は最初は平等だった

6世紀前半、百済《くだら》（古代朝鮮の国）を経由して日本に仏教が伝わります。**日本で最初に出家したのは、※渡来人だった司馬達等《しばたっと》の娘・善信尼《ぜんしんに》ら3人の女性でした。**彼女たちは、百済に留学して戒律《かいりつ》（僧・尼の生活規律）を学び、帰国して尼の育成に努めたといいます。

彼女たちが尼に選ばれた理由は、渡来系氏族の出身者は識字能力が高かったことや、百済で尼が活躍していたことなどが考えられます。

仏教が伝来した当初、僧（男性）と尼（女性）の立場は平等で、仏教は国家に保護されながら発展していきます。僧・尼になるには国家の許可が必要で、公認された僧（官僧）は「比丘《びく》」、尼（官尼《かんに》）は「比丘尼《びくに》」と呼ばれました。寺院も官寺《かんじ》（国家が設立した寺）として設立され、僧寺《そうじ》と尼寺《にじ》の多くは、例えば法隆寺と中宮寺のように、ワンセットとして並んで建てられました。

太陽神・天照大御神が石屋に身を隠したため、世界は闇に包まれます。困り果てた八百万《やおよろず》の神（ありとあらゆる神）は、石屋の前で祭祀を行い、天宇受売は踊り狂い、それを見た八百万の神は大笑いします。不思議に思った天照大御神は、石戸を少し開けたため、引き出されます。

出典：「神代の物語」国立国会図書館

※古代に、中国・朝鮮から日本に移住した人々。

奈良時代に広がった僧と尼の格差

奈良時代、僧と尼は一緒に公的な仏事に参加し、僧よりも高い評価を得た尼もいました。しかし、741年、聖武《しょうむ》天皇が国ごとに国分寺《こくぶんじ》と国分尼寺《こくぶんにじ》を建立したとき、**国分寺にのみ塔が建てられ、定員も国分寺の方が多いなど、僧と尼の間に格差が生まれます。**

764年には、称徳《しょうとく》天皇（↓P166）が尼として即位しますが、中国から※父系制を基本原理とする律令《りつりょう》（刑法・行政法）が取り入れられ、男性中心の国家制度が整備されていくと、公的な仏事に参加する尼もしだいに減っていき、僧と尼の格差はさらに拡大。尼寺は僧寺に付属させられたり、僧寺に変えられたりして、衰退していったのです。

平安時代には私的に出家する女性が増加する

平安時代になると、天台宗や真言宗が開かれ、密教（秘密の教法）が広まります。当時、人間に病気や死をもたらすのは物の怪《もののけ》（悪霊）と考えられていたので、当時の人々は病気の治療や安産を願って、密教僧が祈祷を行いました。また、平安時代中期からは、死後に極楽浄土に往生《おうじょう》（生まれ変わること）することを願う「浄土信仰」が広まります。

このように、**平安時代の人々は仏教を深く信仰し、仏教は生活と結びついていたので、官尼ではなく、私的に出家して尼になる女性たちが増えていきました。**女性が出家する理由の多くは、現世・来世での救済を祈願するためでした。このほか、夫の死後に亡き夫へ

※ 財産や地位などが父から子に継承されていく制度。

の貞操を示したり、冥福を祈ったりするために出家した女性もいたようです。
出家して尼になるといっても、既婚女性の多くは寺には入らず、家で生活したまま修行

出家した女性の多くは、見習い尼の髪型である尼削ぎ（左）にして、自宅や尼寺周辺の庵《あん》（隠遁者《いんとんしゃ》や僧・尼が住む小屋）などで活動しました。完全剃髪した尼は、ふだんは頭巾で頭を覆いました（右）。

しました。こうした尼たちは、**肩や背中あたりで髪を切りそろえる「尼削ぎ《あまそ》」**で修行し、**最終的には正式な出家者の髪型である「完全《かんぜん》剃髪《ていはつ》」を目指しました。**

平安時代に生まれた仏教での女性差別観

平安時代、仏教における女性の地位が低くなっていくなかで、女性差別の考え方も生まれました。そのなかに、**女性には五つの障《さわ》りがあるため、極楽往生できないという「五《ご》障《しょう》」があります。**しかし、**仏教の教えを信じて男性の身に転じれば、女性でも極楽往生ができるとされました**（**変成男子《へんじょうなんし》**）。五障は、やがて儒教の教えと結びついて、**「五障《ごしょう》三従《さんしょう》」**という用語が広まりました。
もともと日本には、女性の出産や月経の際

の出血を「穢《けが》れ」とする考え方はありませんでしたが、中国の儒教などの影響を受けて、9世紀には、月経や出産を穢れとして恐れるようになり、月経中の女性が祭祀に参加することを禁じる規定などがつくられました。

また、比叡山《ひえいざん》（滋賀県）や高野山《こうやさん》（和歌山県）、金峯山《きんぶせん》（奈良県）などの山岳寺院では、平安時代になると、**修行の妨げになるという理由で「女人禁制《にょにんきんせい》」となり、女性を不浄とする考えが広く意識されるようになりました。**曹洞宗の開祖・道元《どうげん》は、「仏法を求めるのに男も女もない」と、女性の排除を因習だとして批判しましたが、道元の考え方は極めて異例でした。

ただ当初、女性たちはこうした差別的な女性観を深刻には受け止めていなかったようです。浄土真宗の開祖である親鸞《しんらん》の妻・恵信尼《えしんに》の手紙には、女性のまま往生して、極楽で娘たちと再会したいと書かれています。

しかし室町時代になると、女性は出産や月経の血を流した罪により、**死後には血の池地獄に堕《お》ちると説く『血盆経《けつぼんきょう》』が中国からもたらされ、女性が穢れた存在であるという差別意識が浸透することになったのです。**

『古事記』では、倭建《ヤマトタケル》が妃・美夜受比売《ミヤズヒメ》の服の裾に血がついているのを見て、「月立ちにけり（月経がきたようですね）」という歌を詠み、その夜に一緒に寝ます。このことからも、奈良時代以前には月経を穢れとする考えがなかったことがわかります。

中世の宗教に関する用語

「五《ご》障《しょう》三《さん》従《しょう》《じゅう》」

五障とは、『法華経』に記されている女性の五種の障害で、女性は梵《ぼん》天《てん》・帝釈天《たいしゃくてん》・魔王《まおう》・転輪聖王《てんりんじょうおう》・仏《ほとけ》になれないとする。三従とは、女性が従うべき三つの道のことで、結婚前は父に、結婚後は夫に、夫の死後は子に従うべきというもの。

「変成男子《へんじょうなんし》」

女性には五障があり、極楽往生して成仏することが困難とされるため、仏の慈悲の力によって、一度男性に成ること。変成男子は、女性が成仏できる唯一の方法とされた。

鎌倉時代に僧の説教を聞く人々を描いた絵です。女性の方が真剣に聞いているように見えます。当時、「五障」「変成男子」といった女性差別がありましたが、女性自身は必ずしも否定的に受け止めていませんでした。

出典：「春日権現験記」国立国会図書館

戦乱が続く中世で尼になる女性が増加

鎌倉時代になると、北条政子《ほうじょうまさこ》（↓P171）のように、夫の死後に出家して**「後家尼《ごけあま》」**（↓P171）となり、家長としての権限や財産を引き継ぎ、子どもたちを指揮監督する女性も現れます。

また、**相次ぐ戦乱のなかで夫や子を失い、後ろ盾を失った女性たちが出家し、尼寺に身を寄せて活動することも増えました。**この影響で、各地に尼寺が建立されていきます。建立された尼寺は特に禅宗が多く、また奈良時代に、総国分尼寺（全国の国分尼寺の頂点）として建立された法華寺（奈良県）も、鎌倉時代に復興されました。

このほか、定住することなく、諸国を遍歴して布教や※勧進《かんじん》の活動を行う勧進比丘尼も現れました。

戦国時代にはキリスト教が日本に伝えられ、キリシタン（キリスト教の信者）が激増し、そのなかには女性も多く含まれていました。

キリスト教の宣教師ルイス・フロイス（↓P66）は、日本人は、現世での利益（恩恵）を神に求め、来世での救済を仏に願うと記しています。

つまり、健康・財産・安産などは神、死後の極楽往生は仏、というように、**願いの種類によって神と仏を使い分けていたようです。**キリシタンの多くは、キリスト教の教義を理解したからではなく、死後に天国へ行きたいという願いによって、キリスト教を信仰していたと考えられています。

※寺社や仏像の建立・修理などのために人々に寄付を募ること。

江戸時代に仏教勢力は宗教的権威を失う

戦国時代、一向宗（浄土真宗）の信者などは団結して軍事力を備え、戦国大名に対抗できるほどの勢力を誇っていましたが、織田信長《おだのぶなが》や豊臣秀吉《とよとみひでよし》らによって弱体化させられてしまいます。

江戸幕府を開いた徳川家康《とくがわいえやす》は仏教勢力を支配下に置くため、各宗派の本山《ほんざん》に、全国の寺院を末寺《まつじ》として組織化するように命じました。これにより、末寺は本山に逆らえなくなり、幕府は全国の寺院を統制できるようになりました（本山・末寺制度）。そして、**尼寺のほとんどは僧寺の下に※寺格のない「庵《あん》」として位置づけられ、僧寺を補助することが役割となりました。**

また、1637年のキリシタンによる大規模な反乱「島原・天草一揆」以降、幕府は徹底的にキリシタンを弾圧し、キリシタンでないことを寺院が保証する「寺請《てらうけ》制度」を実施しました。また、村ごとに現在の戸籍にあたる「宗門人別改帳《しゅうもんにんべつあらためちょう》」を作成することが求められました。こうして、**寺院は幕府の役所となり、宗教的な権威が失われ、仏教は先祖供養のためのものになっていったのです。**

江戸時代に広まった「女人禁制」の場所

17世紀後半、5代将軍徳川綱吉《とくがわつなよし》は、生き物の殺生を禁じる**「生類憐《しょうるいあわれ》みの令《れい》」**と、近親者が亡くなったときに喪に服す期間を定めた**「服忌令《ぶっきりょう》」**というふたつの法令を出したため、殺生や死を嫌う意識が強まることになりまし

※公的に認められた寺院の格式のこと。

た。これにより、中世後期に浸透した**「出産や月経で血を流す女性は不浄」という意識が社会全体に定着し、土俵や酒蔵などが「女人禁制」となっていきました。**

その一方、江戸時代の庶民は、多種多様な神仏を信仰していました。戦乱が続いた中世と違って、世の中が安定した江戸時代では、人々は来世での救済よりも、現世利益《げんぜりやく》（この世で受ける恩恵）をより強く求めるようになり、神だけでなく、仏にも現世利益を祈るようになります。庶民に人気があった仏は、観音《かんのん》菩薩や地蔵《じぞう》菩薩などでした。

伊勢《いせ》神宮（三重県）や金刀比羅宮《ことひらぐう》（香川県）など、寺社への参詣は大流行し、男性だけでなく、女性も巡礼の旅に出かけました。

富士山への参拝は、ほかの山岳信仰の霊山と同じように女人禁制で、女性の登山は二合目までとされていましたが、女人禁制の意識はやや希薄で、女性の登山が許される年もありました。

江戸時代末期に、富士山に登山する人々を描いた絵。万延元年（1860年）は女性の登拝が許された年だったので、多くの女性たちが富士山に参詣した様子がわかります。

出典：「富士山北口女人登山之図　万延元年庚申六十一年目に当り」信州大学附属図書館所蔵

現在も残る女人禁制の例

1872（明治5）年、明治政府は「女性は寺社や山岳信仰の場に自由に参詣できる」と布告したことで、ほとんどの寺社や山は女性を受け入れるようになったが、今でも女性禁制が残る場所や祭がある。

大峰山《おおみねさん》山上《さんじょう》ヶ《が》岳《たけ》（奈良県）

古くから修験道の修行地で、女性の入山を禁止している。

沖《おき》ノ島《しま》（福岡県）

玄界灘に浮かぶ島で、島全体が神域とされ、女性は上陸できない。

祇園祭《ぎおんまつり》（京都府）

一部の山鉾《やまほこ》には女性の囃子方《はやしかた》（楽器の演奏者）がいるが、長刀鉾《なぎなたほこ》や放下鉾《ほうかほこ》は女人禁制。

女性の尊重を訴えた新宗教の女性開祖たち

江戸時代は、武家も庶民も「家」を受け継ぐことを重視していたので、女性は子を産み育て、仕事をこなして家を守る役割を求められました。このため、女性が出家して尼になることは身勝手とされ、基本的には難しいことでした。そうしたなかでも、加賀千代女《かがのちよじょ》（素園尼《そえんに》）や大田垣蓮月《おおたがきれんげつ》（蓮月尼《れんげつに》）、貞心尼《ていしんに》など、夫の死や離婚をきっかけに尼となって、かねてより親しんできた文芸活動に邁進《まいしん》する女性もいました。

　また、江戸時代後期～明治時代初期には、女性教祖による新宗教がいくつも誕生しました。

「如来教《にょらいきょう》」は、尾張（現在の愛知県）の農村女性・きのが開いた宗教で、如来を全知全能の創造主とし、女性は男性にならないと成仏できないという「変成男子《へんじょうなんし》」を否定しました。きののもとには病気の治療などを求めて、多くの信者が集まりました。

「天理教《てんりきょう》」は、大和（現在の奈良県）の農婦だった中山みきが、天理王命《てんりおうのみこと》の神託を受けて開いた宗教で、人間の平等を説きました。

「大本教《おおもときょう》」は、丹波（現在の京都府）の貧しい大工の未亡人だった出口なおが開いた宗教で、金神《こんじん》（大本教の神）による世直しを訴えました。出口は自分自身を、女の体に男の霊が宿った「変性男子」と述べ、「変成男子」を否定しています。

新宗教を開いた3人の女性は、ともに男尊女卑的な考えの既存の宗教を批判し、女性の尊重を訴えました。そして、彼女たちが開いた宗教は、権力側の基本的な考え方である「家父長制」と鋭く対立します。このため、彼女たちの新宗教は、幕末から戦前にかけて、政治権力から弾圧を受けることになったのです。

また、彼女たちには宗教を開く際に、神がかり状態になったという共通点があります。これは、卑弥呼の時代から続く「巫女が神のお告げを聞く」という宗教的伝統といえるでしょう。ただ、仏教や神道など、既存の宗教教団のトップを女性がつとめることは、ほとんどない状況が今もなお続いています。

近代の日本人は国家神道を強制された

明治時代になると、明治政府は天皇主権の国家建設を正当化するため、「太陽神・天照

女性教祖による新宗教

宗派名	教祖	設立年
如来教	きの	1802年
天理教	中山みき	1838年
大本教	出口なお	1892年
仏教感化救済会（大乗教）	杉山辰子	1914年
天照皇大神宮教	北村サヨ	1945年
円応教	深田千代子	1948年

※霊友会の若月チセや、立正佼成会の長沼妙佼などは、男性と協働の女性教祖として知られる。

大御神の子孫が天皇」という日本神話を利用します。そして、神道を国教化し、天皇を神とする**「国家神道」**をつくり出し、「宗教を超越する非宗教」と位置づけました。

天理教などの神道系の新宗教は、仏教やキリスト教などとともに政府から公認され、国家神道に抵触しない限り、「信教の自由」を保障されました。しかし、大本教のように、天照大御神とは違う神を重視する新宗教は政府から危険視され、弾圧されました。戦前の日本は、本当の意味での「信教の自由」は認められていなかったのです。

悩める女性たちを勧誘する新宗教

大正時代から現在に至るまで、さまざまな新宗教が生まれ、多くの信者を集めました。

しかし、なかにはオウム真理教のように反社会的なカルト教団もあり、現在も社会問題を引き起こしています。

そのようなカルト教団は、悩みや不安を抱えている女性たちをターゲットにして勧誘することが多くあります。現在、共働き世帯は約70％に達しましたが、「育児や家事は女性の役割」といった意識が根強く残っているため、今も多くの女性たちに負担が強いられています。

そうした家庭で問題が起きたとき、夫は助けにならないこともあります。**カルト教団は、誰にも相談できずに思い悩む女性たちの心の隙につけこみ、霊感商法に誘いこんだり、高額な献金を要求したりするのです。**

また、新宗教には「男は仕事、女は家庭」という昭和的な価値観が多く見られます。新宗教はこれらの価値観を巧みに利用し、専業主婦の生き方を肯定することで信者を増やしてきました。そして、**子どもや夫に問題が起きたとき、「女は家庭を守るべき」と考えてきた彼女たちは自分の責任だと感じ、それを解決するために新宗教に救いを求めてしまうようです。**家庭で無償労働をこなす女性たちは、信者として奉仕活動をすることに抵抗感を感じにくく、また、やりがいを感じやすいといわれます。そうした心理を利用して搾取する新宗教が現実にあるのです。

このように、現在の宗教問題は、家事・育児の分担割合の夫婦不均衡や専業主婦の孤立といった問題と密接に関連している場合があることを意識しておくべきでしょう。

霊感商法に関する相談件数

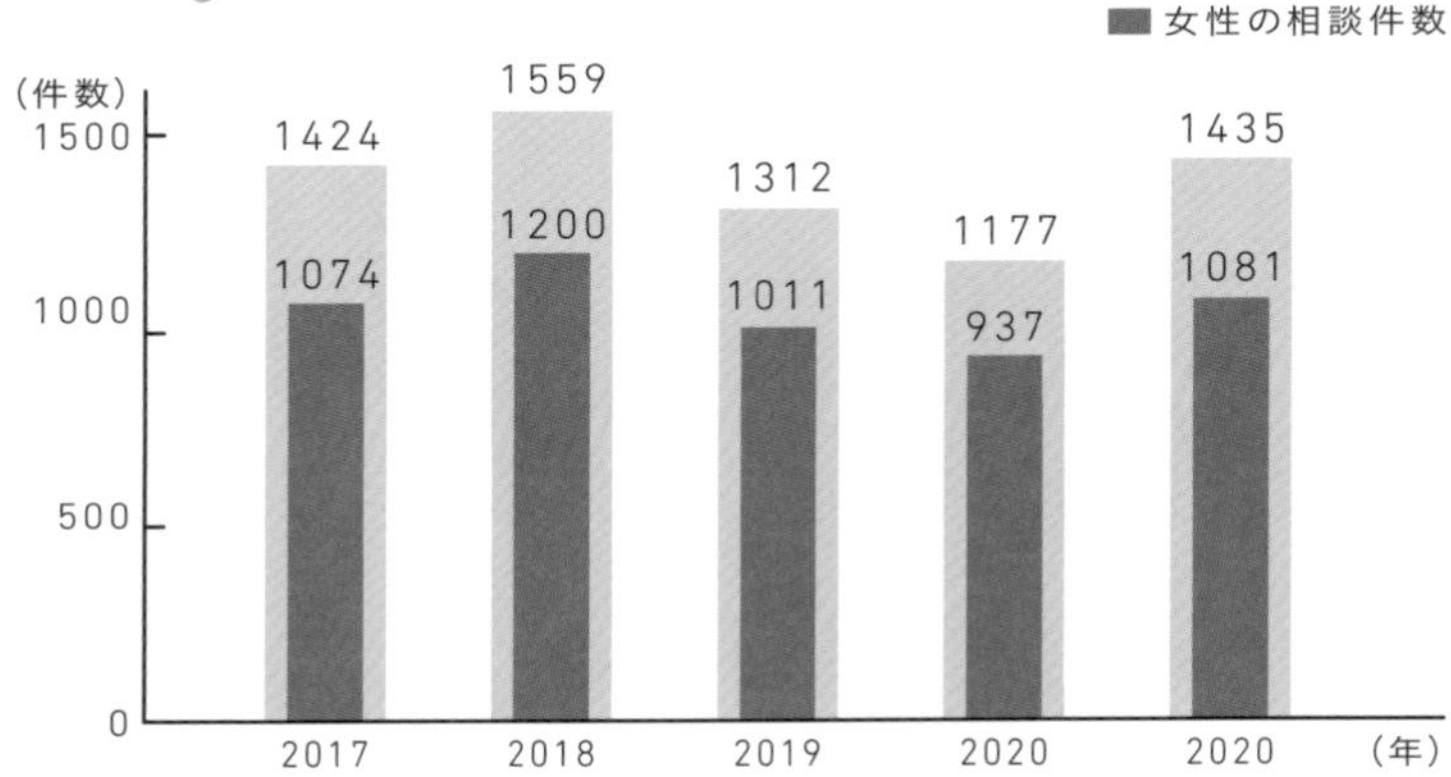

出典：「霊感商法（開運商法）に関する消費生活相談について」（消費者庁）

Chapter 7

戦争

war

世界各地で悲劇的な戦争や紛争が
起き続けています。
こうした状況のなか、女性は戦争に
どう関わるべきかという議論が続いています。
これまでの歴史から、
戦争と女性との関係を考えてみましょう。

現代の「戦争」に
まつわる声

戦争は、あらゆる人に対して大きな影響を与え、
女性たちの歴史とも大きく関ってきました。
現代の声を聞き、本文でその歴史を見てみましょう。

「どんなことがあっても、
戦争に賛成はしない」

「戦争に苦しむ人が
少しでもなくなる世の中になってほしい」

「女性兵士の歴史を知っておきたい」

「もし戦争になったら、
自分はどうしたらいいんだろう」

「日本の女性たちは
戦争とどう関わってきたの？」

争い絶えない世界で女性も戦争に関わる

第二次世界大戦後、日本で戦争は起きていません。しかし海外では、戦争は絶えることなく起きており、今なお世界各地で多くの犠牲者が出ています。

歴史的に見ると、前線で戦う兵士は基本的に男性でした。日本でも近代以降、兵士として戦争に参加したのは男性のみで、女性は出征している兵士を国内で支えるかたちで戦争に協力しました。第二次世界大戦において敗色が濃厚になると、女性は軍需工場に動員され、空襲の被害を受けることもありました。

近年、海外の戦争では武器を手にする女性兵士の姿が見られ、日本の防衛を担う自衛隊には多くの女性自衛官が活躍しています。しかし古代より、女性たちは戦争が起こるたびに深刻な影響を受けてきました。日本において女性と戦争・軍隊の関わりは、どのようなものだったのでしょう?

日本では弥生時代に戦争が始まる

縄文時代の日本には、戦争がなかったと考えられています。この時代の遺跡からは、狩猟用の矢尻や尖頭器《せんとうき》（槍の穂先）などが見つかっていますが、人を攻撃するための武器は見つかっていません。

しかし、**弥生時代の遺跡からは、人を殺傷するための弓矢や刀剣などが発見されています**。吉野ケ里《よしのがり》遺跡（佐賀県）の周囲には、深い掘や城柵跡のほか、銅剣の先端が刺さった人骨や、首のない人骨が埋葬された墓も見つかっています。卑弥呼《ひみこ》（↓P163）について書かれた中国の歴史書『魏志倭人伝《ぎしわじんでん》』にも、当時の倭《わ》（日本）で戦乱が続いていたことが記されています。

弥生時代の戦争は、軍事専門の兵士が戦ったわけではなく、**首長に率いられた集落の人々どうしが戦う「総力戦」だったと考えられています。**弥生時代には、卑弥呼のような女性の首長も多く存在していました。『日本書紀』に記された伝承には、女性の軍団を意味する「女軍《めいくさ》」という言葉があることから、集落の女性たちも戦闘に参加していたと考えられています。

ヤマト王権が敗れた影響で女性首長が姿を消す

古墳時代の前期には、**日本各地に女性の首長が存在し、共同体を守るために部族を率いて戦っていました。**

この時期、近畿地方に有力豪族による連合政権「ヤマト王権」が成立し、勢力を拡大していきます。

ヤマト王権は、4世紀末から5世紀初頭に数度にわたって朝鮮半島に出兵し、高句麗《こうくり》（朝鮮半島の国）と戦いますが、高句麗軍の最新の武器・武具や、騎馬隊を使った戦法などに圧倒され、惨敗しました。

敗戦に衝撃を受けたヤマト王権の上層部は、高句麗や百済《くだら》、新羅《しらぎ》などの朝鮮半島の国々から武器や戦法を取り入れ、さらに大陸の先進技術や文字、政治体制などを積極的に吸収していきます。

こうして古墳時代の中期以降、**日本では軍事組織・軍事行動が大規模化され、指揮官や**

兵士も男性が中心となります。その影響で男性優位の社会が形成され、女性の首長は急激に姿を消していったのです。

一族を守るために戦った古代の女性たち

古墳時代から飛鳥時代にかけて、ヤマト王権は朝鮮半島での権益を確保するための対外戦と、王権に服属しない※蝦夷《えみし》を従わせるための国内戦を行いました。どちらの戦争でも将軍は男性が任命されましたが、**将軍たちは妻を同行していました。**この時期、ヤマト王権の軍事組織はシステム化されておらず、基本的に、豪族は女性も含めて一族をあげて戦地におもむいて軍務を果たしていたのです。

『日本書紀』によると、5世紀後半の豪族・吉備弟君《きびのおときみ》は、新羅を討ち、百済から技術者を連れ帰るように命じられて朝鮮半島に渡りますが、**吉備弟君の妻・樟媛《くすひめ》は、夫が謀反を企てていることを知ると、夫を暗殺したといいます。**

また、7世紀に東北の蝦夷を討伐するために派遣された上毛野形名《かみつけのかたな》は、蝦夷に戦いを挑みますが敗北します。兵たちは逃げて、形名までも砦から逃げ出そうとしました。それを見た形名の妻は、**夫に無理やり酒を飲ませると、夫の剣を身につけ、女性たちに弓弦《ゆづる》（弓に張る糸）を鳴らさせました。**この音を聞いた蝦夷の兵は、砦に兵がまだ多数残っていると思って退却します。形名は再び武器を手にして、戻ってきた兵を率いて蝦夷軍を打ち破ったといいます。古代では、**夫とともに戦地におもむいた妻が、自分の一族を守るため主体的に行動することがあったのです。**

※古代、東日本に住んでいた部族で、ヤマト王権に従わなかった。

7世紀後半、日本が唐（中国の王朝）と新羅の連合軍と戦った白村江《はくすきのえ》の戦いでは、女帝・斉明《さいめい》天皇が、中大兄皇子《なかのおおえのみこ》（後の天智《てんじ》天皇）や大海人皇子《おおあまのみこ》（後の天武《てんむ》天皇）と、その妻たちのほか、女性歌人として知られる額田王《ぬかたのおおきみ》など、大王家《おおきみけ》一族を引き連れて博多におもむいて戦争に備えました。古代から続く**「戦争になれば一族をあげて戦う」**という感覚が、この時代まで生きていたと考えられます。

上毛野形名の妻は、逃げようとする夫に酒をすすめて鼓舞すると、砦に残った女性たちを指揮して蝦夷を退却させました。
出典：「教導立志基 二」東京都立図書館所蔵

律令制の導入によって男性兵士が誕生する

7世紀後半、天武天皇・持統《じとう》天皇によって中国の律令《りつりょう》（刑法・行政法）が取り入れられ、中央集権国家（律令国家）が成立すると、軍事体制も大きく変わりました。中央政府（朝廷）は戸籍に基づいて、成人男性の3分の1を兵士として徴発し、「軍団《ぐんだん》」と呼ばれる軍事組織に配属しました。これによって、**「兵士は男性」という制度が確立したのです。**

しかし、8世紀初頭、九州南部に住む※隼《はや》人《と》が朝廷に反乱を起こしたとき、隼人の首長6人の筆頭は、薩末比売《さつまひめ》という女性でした。また、11世紀後半に東北の豪族・安倍《あべ》氏が朝廷に起こした反乱「前九年の役《ぜんくねんのえき》」では、安倍軍の兵士の妻だけでなく、村落の一般女性も

※古代、九州南部に住んでいた部族で、しばしば朝廷に抵抗した。

多くが戦闘に参加しています。**日本列島の辺境では、女性首長や女性兵士の伝統が、根強く残っていたのです。**

また、平安時代中期に成立した『将門記《しょうもんき》』には、平将門《たいらのまさかど》に敵対する武将の妻が戦場で強姦されたことが記されていています。戦国時代には、大名たちが動員した雑兵《ぞうひょう》（身分の低い兵）に対して略奪を許可していたため、多くの女性や子どもが強姦されたり、生け捕りにされて売られたりしました。兵士の男性化が進むとともに、戦乱による女性たちへの被害は深刻なものになっていったのです。

中世にも存在した 武力に優れた女武者

平安時代末期から鎌倉時代にかけても、戦場で戦うのは男性が基本でしたが、源義仲《みなもとのよしなか》の側室《そくしつ》（正妻でない夫人）であった巴御前《ともえごぜん》や、鎌倉幕府の軍勢と戦った板額御前《はんがくごぜん》など、女武者も存在していました。その後、こうした女武者は姿を消していきます。

南北朝時代には、有力武将・山名時氏《やまなときうじ》の軍勢に700～800騎もの女性の騎馬武者

巴御前は武勇に優れ、敵の首をねじ切るほどの怪力の持ち主だったと伝えられています。謎が多く、実在を疑問視する説もありますが、巴御前の伝説は、この時代に女性が合戦に参加していたことを示しています。

出典：ColBase：「巴御前出陣図」東京国立博物館所蔵

がいたことが記録に残っていますが、**女性が戦場に出ることは珍しかったようです。**

女性は捕虜になっても処罰されないことが一般的で、**生き残った女性たちが戦死した一族の供養を担っていました。**壇ノ浦の戦いで源氏軍の捕虜となった建礼門院徳子《けんれいもんいんとくこ》（平清盛の娘）は、罪に問われることなく、出家して平家一門の供養を行いました。

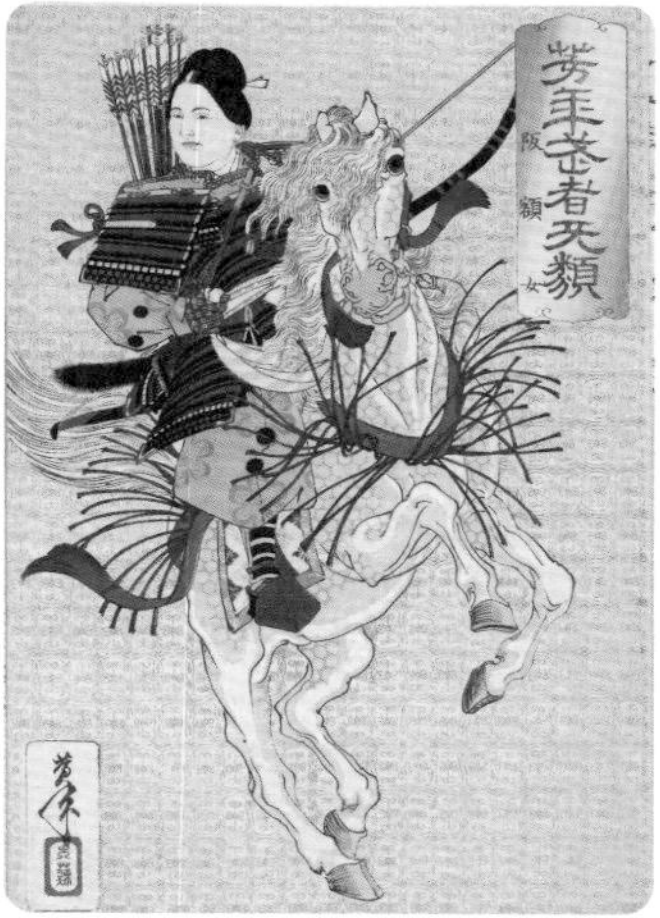

板額御前は、鎌倉幕府に反乱を起こした越後（現在の新潟県）の城《じょう》氏の女性です。幕府軍が城氏を攻めてくると、弓の名手だった板額御前は、髪を結い上げて甲冑を身につけ、櫓から矢を放って戦いました。
出典：「芳年武者旡類 阪額女」東京都立図書館所蔵

講和の交渉役をつとめた戦国大名の妻たち

戦国時代から安土桃山時代にかけても、女武者が籠城戦で活躍することがありました。諏訪頼辰《すわよりとき》の妻は、織田信長《おだのぶなが》の軍勢に高遠城（長野県）を攻められたとき、刀を抜いて勇敢に戦って討ち死にしました。また、富田信高《とみたのぶたか》の妻は、夫が敵軍に包囲されて危機におちいると、甲冑を着て城から出撃して奮戦し、夫を救出しています。

このほか、女性が講和の交渉役になることがありました。伊達政宗《だてまさむね》の母・保春院《ほしゅんいん》は、政宗と最上《もがみ》氏（保春院の実家）が対立して合戦に発展したとき、輿《こし》に乗って戦場に乗り込み、和解を成立させます。※大坂冬の陣の講和交渉には、豊臣方から淀殿《よどどの》（豊臣秀頼《とよとみひでより》の母）の妹・常高院《じょうこういん》が参加し、徳川方から阿茶局《あちゃのつぼね》（徳川家康《とくがわいえやす》の側室）が参加し、女性たちが中心となって講和を取りまとめました。**戦国大名の妻のなかには、強い影響力をもち、政治的な役割を果たす者もいたのです。**

江戸時代は百姓一揆に女性たちも参加した

江戸時代、戦乱は収まりましたが、各地で百姓一揆・打ちこわしが頻発しました。こうした騒動の参加者は男性が中心でしたが、18世紀後半以降は、女性の参加者も見られるようになります。

女性が積極的に参加した一揆には、米価の高騰に反対するなど、家族の生活を守るための場合がほとんどでした。また、織物生産への課税強化に反対する一揆もありました。織物産業を担っていたのは、ほとんどが女性たちだったからです。このほか、村役人（村政を担った農民）と対立した後家（未亡人）が、村役人の横暴を幕府に訴え出て、それが認められることもありました。自分たちの要求を通すために戦った女性がいたのです。

一方、百姓一揆が起きると、武家の女性たちは甲冑を着て、槍や刀などの武具をもち、襲撃に備えたといいます。

1868（明治元）年の※会津戦争では、鶴ケ城（福島県）に籠城したうちの約12%が女性で、兵糧の炊き出しや、負傷兵の看護などを担当し、山本八重《やまもとやえ》のように銃を手にして戦

※1614年、徳川家康が豊臣秀頼を倒すために大坂城を攻めた戦い。
※1868（明治元）年に起きた戊辰戦争の戦いのひとつで、新政府軍と会津藩（福島県）とが戦った。

う女性も存在しました。ただ、**江戸時代を通じて、女性が軍事的役割を果たすことは期待されていませんでした。**

明治時代に兵役が成人男性に義務づけられる

明治時代になると、近代国家を目指す明治政府は、1871（明治4）年に「徴兵令《ちょうへいれい》」を出し、満20歳に達した男性に兵役の義務が課されました。しかし、「国民皆兵《こくみんかいへい》」といいながら、さまざまな免除規定があったり、少数の現役兵を長期間にわたって拘束したりしたため、徴兵率は明治時代初年で10％未満しかなく、大正時代でも20％程度でした。**昭和時代初期まで、軍隊経験のある男性は少なかったのです。**

また、明治時代から大正時代にかけての日本の戦争は、常に海外が戦場となり、国内で戦争被害が生じなかったので、多くの日本人には戦争の被害をリアルに感じる機会がありませんでした。昭和時代の初期に軍部が暴走して戦争へ突き進んでいったとき、女性を含めた国民の大半がそれを後押ししたのは、戦争を身近なものとして感じる人が少なかったことが影響したと考えられています。

1937年に日中戦争が始まると、翌年には「国家総動員法」が施行され、国民の生活は戦争中心になっていきます。徴兵されて戦う男性の代わりに、**女性は※銃後を守るべきという考え方が広まり、軍需工場などに動員されました。**

1943（昭和18）年には、労働力不足を補うために、未婚女性による「女子挺身隊《じょしていしんたい》」が呼びかけられます。翌年には、**12～40歳ま**

※戦争のとき、前線で戦闘に加わるのではなく、背後で支援すること。

での未婚女性には1年間の労働が義務づけられ、違反者には罰則が設けられました。

1945（昭和20）年に始まった沖縄戦では、多くの女性が負傷兵の看護や敵陣視察、弾薬の運搬などのために動員され、なかにはアメリカ軍に突撃させられて戦死した女性もいました。また、沖縄戦で「集団自決」が起きたのは、日本軍が女性たちに「アメリカ軍に捕まると女性は強姦されるので、その前に自ら死ぬように」と命じ、投降を許さなかったことが大きな要因といわれます。

戦後は自衛隊に女性が採用される

敗戦後、召集されていた男性たちが工場などの職場に復帰すると、戦前に動員されて勤務していた女性たちは職場を明け渡すように要求され、多くの女性が職を失いました。その一方、戦前の女性の動員によって、男女の能力に差がないことがわかったこともあり、1947（昭和22）年に制定された労働基準法では、**男女同一賃金が世界で最初に定められました。**

1946（昭和21）年に公布された「日本国憲法」では、日本は戦争放棄・戦力不保持などが定められたため、男性だけでなく、女性も軍隊に関わることはありませんでした。

しかし、1950（昭和25）年に※朝鮮戦争が始まると、日本はアメリカ軍から大量の軍事物資を受注し、特に繊維産業や鉄鋼業において、労働力の需要が急拡大しました（朝鮮特需）。これにより、**大量の女性たちが繊維産業で働きましたが、朝鮮戦争の終結とともに、その多くが解雇されました。**

※北朝鮮と韓国との戦争。北朝鮮は中国が支援し、韓国はアメリカを中心とする国連軍が支援した。

朝鮮戦争で在日アメリカ軍が朝鮮半島に動員されたため、日本では軍事力の空白が生じました。これを埋めるため、「警察予備隊」が創設され、1952（昭和27）年に改編され「保安隊」となります。保安隊には、看護の役割で女性隊員も募集されました。

その2年後、保安隊は自衛隊に改編されたものの、女性の採用は看護に限られていました。看護以外で、女性の採用が始まったのは1967（昭和42）年の陸上自衛隊の一般職（人事、総務、会計など）からで、**1993（平成5）年に、自衛官のすべての職域が女性自衛官に開放されました。**その後、女性自衛官は増加を続け、2023年には海上自衛隊で最も階級が高い「海将」に女性が初めて昇任しました。

世界では、ノルウェーやスウェーデンなどの男女格差が少ない国で男女ともに徴兵が義務化されるなど、女性が軍隊に参画する動きは広がっています。**一般的に、女性は紛争解決の手段に武力を選択しない割合が高く、女性兵士の増加は、戦争の抑止力につながる可能性があるという考え方もあります。**また、女性が軍事組織に加わることで、暴力主体の旧時代的な文化も薄れるだろうという期待もされています。

しかし、実際には女性兵士が戦意高揚のためのイメージとして利用されたり、男性兵士からのセクハラや差別に苦しむといった問題は後を絶ちません。また、**「男女平等」という名のもと、兵力維持のために女性兵士が動員される場合もあり、軍隊に女性が増えることで社会の軍事化がより進行する可能性も指摘されています。**女性と戦争との関わり方に

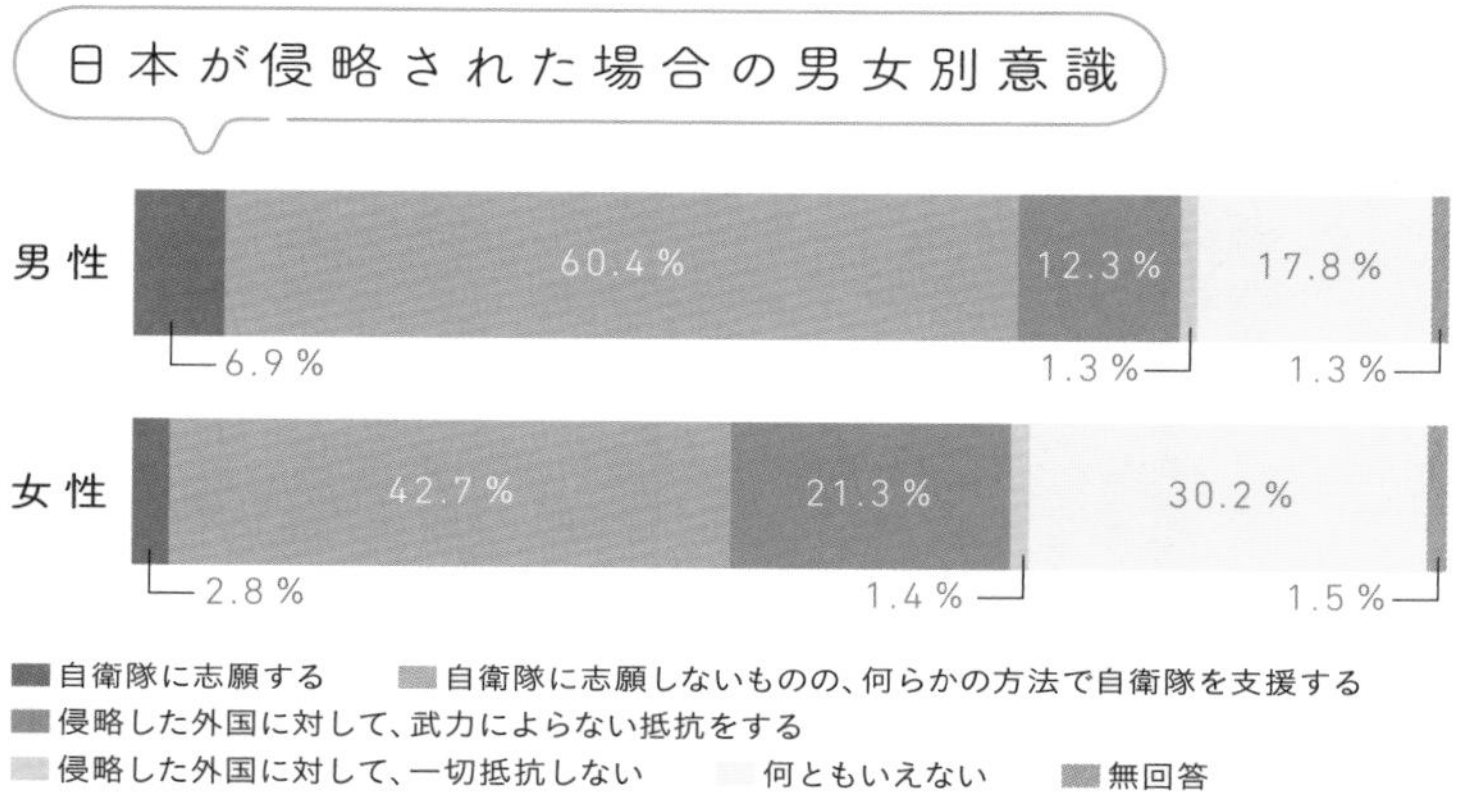

※「あなたは、もし日本が外国から侵略された場合、どうしますか？」という質問に対する回答。世論調査によると、男性より女性の方が武力によらない抵抗を望む割合が高い。
出典：「自衛隊・防衛問題に関する世論調査（令和4年11月調査）」（内閣府）https://survey.gov-online.go.jp/r04/r04-bouei/gairyaku.pdf

ついては、今後も慎重に議論していく必要があるでしょう。

Chapter 8

ファッション

fashion

個人が自由にファッションを楽しむべき
という考えが尊重されていますが、
古い考えや偏見も残っています。
服装の性差が生まれた理由を主軸に、
日本のファッション史を見ていきましょう。

現代の「ファッション」にまつわる声

服装や化粧、髪型などを指す「ファッション」。時代によって美の価値観は移ろい、変化していきます。歴史を振り返る前に、現代の声を聞いてみましょう。

化粧はいつから始まったの？
日本の伝統的な服装ってなに？

日本の
ファッション史を
知りたい
性別や年齢に
とらわれないで
好きなものを
身につけたい

ファッションに潜む男らしさ・女らしさ

近年、性別にとらわれない「ジェンダーレス・ファッション」と呼ばれる自由なデザインの服装をよく見かけるようになりました。**こうした中性的な服装は、男らしさ・女らしさという固定観念からの解放を目指して誕生したものです。**

しかし、一般的には古代から現在に至るまで世界のほとんどの国や地域において、男女のファッションには明確な違いがあり、その違いは歴史や伝統文化と深く関わってきました。日本のファッションの男女の違いは、いつ頃、どのような経緯によって生まれたのでしょう?

縄文時代は男女ともにアクセサリーで着飾った

縄文時代以前、日本人がどのような衣服を着ていたのかは、よくわかっていません。遺跡からは鹿の角でつくった縫い針が出土しているので、麻などの植物で編んだ布や、鹿などの動物の毛皮で衣服をつくっていたと考えられます。

縄文時代の人々で特徴的なのは、男女ともにアクセサリーで着飾っていたことです。アクセサリーの種類は、耳飾り、首飾り、腕輪、櫛《くし》、ヘアピン、腰飾り、アンクレットなどさまざまでした。材料は、ヒスイや水晶のほか、動物の骨・角・牙、貝、粘土、木などが使われました。耳飾りや貝の腕輪は女性がつけ、ヒスイや鹿の角でつくった腰飾りは男性がつけるなど、男女によってアクセサリーを使い分けていたようです。

また、縄文時代の土偶から、女性は化粧として、目や口の周り、額やあごなどに赤色の塗料を塗り、入れ墨をほどこしていたと思われます（男性が化粧をしていたかどうかは、諸説あります）。**アクセサリーや化粧は、着飾るためというより、魔除けなどの呪術的な意味が強かったと考えられています。**

古代の庶民は男女ともにポンチョ型の服を着た

弥生時代の衣服については、中国の歴史書『魏志倭人伝《ぎしわじんでん》』などによると、庶民は男女ともに「貫頭衣《かんとうい》」を着ていたそうです。貫頭衣とは、長方形の布の中央に穴が空けられたポンチョのような衣服で、その穴から頭を出し、縄紐を腰に巻いて着ます。**貫頭衣の形に男女の違いはなく、奈良時代頃まで、庶民は貫頭衣を着ていました。**

弥生時代には、蚕《かいこ》の繭《まゆ》から絹糸をとる技術や、布を織る機織具《はたおりぐ》が朝鮮半島から伝わり、着心地のいい美しい衣服がつくられていたと考えられています（↓P12）。

弥生時代のアクセサリーで特徴的なのは、「勾玉《まがたま》」です。勾玉はおもにヒスイでつくられ、

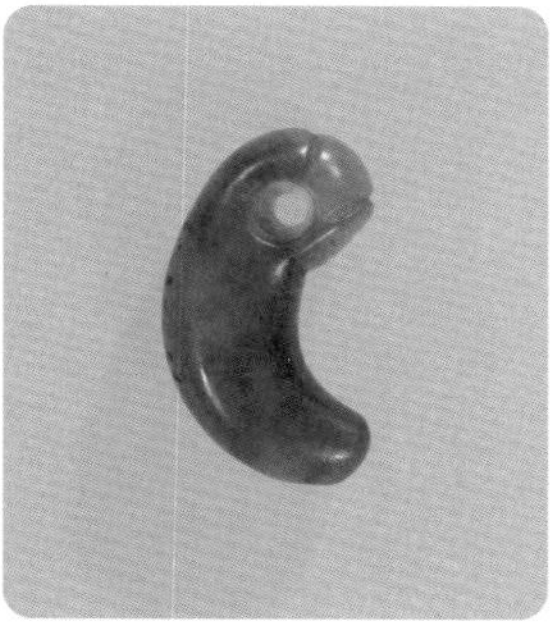

古墳時代（4〜5世紀）の古墳から出土したヒスイ製の勾玉。祭祀に使われたという説がありますが、くわしいことは不明です。

出典：ColBase「硬玉勾玉」東京国立博物館所蔵

穴に紐を通して首飾りにしていました。勾玉は古墳時代にも重視され、やがて歴代の天皇に伝わる※三種の神器のひとつにもなっていきます。

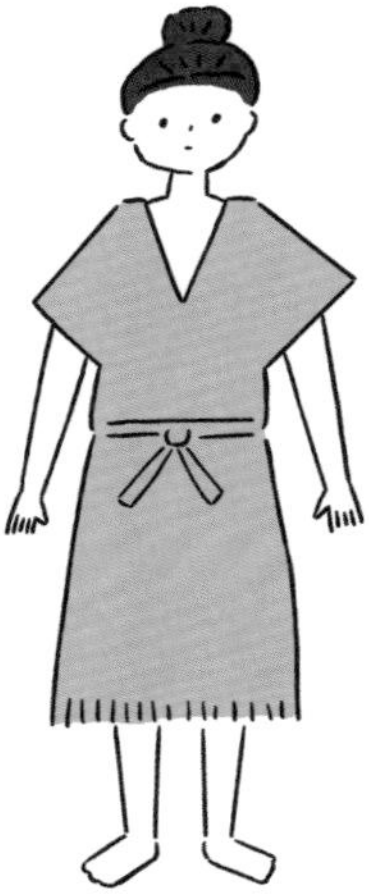

近年の研究では、貫頭衣は幅30cmほどの2枚の布を、首と両腕を通す部分を残して、縫い合わせてつくった衣服だと考えられています。

古墳時代の衣服に男女の違いが生まれる

縄文時代より、日本の衣服には男女の違いはありませんでしたが、**古墳時代になると、支配者層の衣服に男女の違いが生まれました。**これは、大陸文化の影響を受けて「上下に分かれたセパレートタイプの衣服」であるのが特徴です。支配者層では、男性は上着と袴（ズボン）、女性は上着と裳《も》（巻きスカート）を身につけました。また、上着は男女ともに襟元が締まり、袖は細い筒状の「筒袖《つつそで》」であることが共通しています。飛鳥・奈良時代の役人の衣服も基本的には、男女別・セパレートタイプ・筒袖という形態で、古墳時代と変わりませんでした。

古墳時代のアクセサリーには、勾玉のほか

※皇位のしるしとして歴代天皇が伝承する八咫鏡《やたのかがみ》、草薙《くさなぎの》剣《つるぎ》、八尺瓊勾玉《やさかにのまがたま》の総称。

に、木製・骨製の櫛やヘアピンなどがあり、金銅製の腕輪や冠などもありました。アクセサリーに男女の違いがあったかどうかは、よくわかっていません。

ただ、飛鳥時代になると、アクセサリーは急速になくなっていきます。これは、勾玉が天皇の権威を象徴する祭具になったことや、

古墳時代の支配者層の女性は、前で合わせて紐で結ぶ上着を着て、裳をつけました。耳飾りや首飾りなどを身につけ、髪は頭上で束ねていました。

支配層の美意識が変化したことなどが理由として考えられています。こうして**奈良時代以降、明治時代になるまでの約１１００年もの間、日本からアクセサリー文化が消えてしまうのです。**

平安の貴族女性が着用した十二単

平安時代の中期になると、日本独自の装束が発達し、貴族の上着は男女ともに袖がゆったりした「大袖《おおそで》」に変化していきます。そして、**「裳唐衣《もからぎぬ》（女房装束《にょうぼうしょうぞく》）」と呼ばれる装束が貴族女性の正装となりました。**「十二単《じゅうにひとえ》」という俗称で知られる裳唐衣は、まず、下の肌着である「袴」をつけ、上の肌着である「小《こ》袖《そで》（袖口の小さい着物）」を着ます。その上に「単《ひとえ》（単衣《ひとえ》）」をはおり、「袿《うちき》」と呼ばれる色と

裳唐衣の総重量は最大で20kg以上あったといいます。貴族女性たちは、立ち上がって歩くことはマナー違反とされ、膝をつけたままで移動しました。裳唐衣では動きにくいので、ふだんの生活では唐衣や裳をつけない袿姿でしたが、貴族女性に仕える女房（侍女）たちは、裳唐衣の着用が必要でした。

肌を白くしたり、眉を整えたり、口紅をしたりする平安時代の化粧法は、現在のメイクの方向性と大きな違いはないといえます。

りどりの服を重ね着します。このときの袿の色の重ね方で、自分のセンス・美意識を示しました。一番上の袿を「表着《うわぎ》」といいます。そして、腰に裳を巻きつけ、着丈の短い「唐衣」をはおりました。

髪型は、髪を結い上げるのではなく、そのまま垂れ下げる「垂髪《すいはつ》」が正式になりました。黒く長い髪は、平安時代の美人の条件とされます。化粧をするときは、肌を白く見せるために「白粉《おしろい》」を塗り、眉を抜く「引《ひ》き眉《まゆ》」をして額の上に眉墨《まゆずみ》で眉を描き、歯を黒く染める「歯黒《はぐろ》め（お歯黒）」を行い、頬紅や口紅をつけました。平安時代後期になると、公《く》家《げ》（朝廷の役人）の男性の間にも化粧が広がり、鎌倉時代になると、歯黒めは下級武士にも広がりました。室町時代には上級武士も化粧をするようになります。戦国時代の武将が化粧をしたのは、討ち取られた首が見苦しく思われないようにしたかったためともいわれます。

江戸時代になると、男性で化粧をするのは公家や歌舞伎役者だけになりました。女性は化粧水などでスキンケアも行い、白粉を厚化粧に見えない程度に塗りました。**既婚女性は、歯黒めと引き眉をするため、結婚すると人相が大きく変化します。これには、女性を未婚・既婚ではっきりと区別させるという役割がありました。**

貴族の肌着「小袖」が「着物」へと発展する

平安時代の貴族女性は袴をつけましたが、**庶民の女性は袴をつけず、小袖（平安貴族の肌着）を着て暮らしました。**寒いときは、小袖を2～3枚重ねて着たそうです。

小袖は活動しやすい服のため、平安時代末期に武士の世が始まると、武士たちの間で広まっていき、やがて貴族の女性にも広まりました。小袖は上半身用の肌着だったので、もとは白色で着丈も短いものでしたが、小袖が表着のように着られるようになると、着丈も長くなり、華やかな色や柄がつけられるようになりました。**この小袖が、現在の日本の民族衣装である「着物」になっていくのです。**

戦乱の時代が終わり、開放的な安土桃山時代になると、上流階級の女性の小袖は、上質な絹製となり、色あざやかな文様がほどこされるようになります。女性の小袖に使われる色は赤系統が多く、男性の小袖よりも華やかでした。また、この時代の小袖の帯は細く、ゆったりと仕立てられていることが特徴です。

戦国・安土桃山時代の女性たちの座り方は、立て膝や胡座《あぐら》でしたが、これは小袖の身頃の幅がゆったりしていたので、そういう座り方でも前がはだける心配がなかったためです。

しかし江戸時代になり、女性に対する社会

戦国時代、武家の女性の正装は小袖を着て細い帯を締め、その上から小袖をはおる「打掛姿」になりました。

的制約が強まっていくと、小袖は現在の着物のように、体にぴったりとしたものとなります。帯は太く、きつく締めるようになって活動しにくくなっていき、座り方も前がはだけない正座になりました。

江戸時代の女性の着物は、振袖《ふりそで》の丈や裾《すそ》が長くなり、帯も太くなっていき、動きにくい形へと変化していきました。

江戸時代の女性は髪を結い上げた

女性の髪型は、江戸時代初期まで垂髪でしたが、やがて髪を結い上げる「結髪《けっぱつ》」が広まります。結髪はもともと遊女の髪型でしたが、それをまねる庶民の女性が増え、さらに「兵庫髷《ひょうごまげ》」や「島田髷《しまだまげ》」などの結髪が流行したことで、定着していきました。

一般の武家・庶民の女性は、毎日自分で髪を結い直すことが基本でしたが、**江戸時代後期になると、手間のかかる複雑な結い方が流行し、髪油を使って数日経っても崩れない「持髪《もたせがみ》」が広まります。**そして、江戸などの大都市では、プロの女髪結《おんなかみゆい》（↓P18）に、華やかで技巧的な髪を結ってもらう女性が増えていきました。

明治時代の女学生の服装に袴が採用される

明治時代になると、日本は積極的に西洋文明を輸入し、文明開化が始まります。男性には「断髪令」が出され、丁髷《ちょんまげ》を切ることを認めましたが、女性の断髪は禁止されました。また、上流階級の女性は輸入品のロングドレスを着て、※鹿鳴館《ろくめいかん》でダンスを踊ることがありましたが、一般の女性は洋服とは縁のない暮らしをしていました。

日本で女性に洋服が広まるきっかけとなったのは、女学生の服装に袴が許可されたことでした。明治時代初期、女学生が着物で椅子に座って授業を受けると、帯や裾が乱れやすいという問題がありました。このため、政府は女学生・女性教師に袴の着用を認めましたが、江戸時代に女性は袴をつけることを禁止されていたこともあり、世間から反発がありました。そこで、スカート状の※女袴《おんなばかま》が考案され、**明治30年代から、女学校の女学生や女性教師の間で葡萄茶色《えびちゃ》（赤みを帯びた薄い紫色）の女袴の着用が広まります。**葡萄茶袴をつけて、靴を履き、束髪《そくはつ》（前髪を高くふくらませた髪型）にリボンを結び、生き生きと活動した当時の女学生は、紫式部になぞらえて、「葡萄茶式部《えびちゃしきぶ》」と呼ばれました。

1919（大正8）年には、山脇学園（東京都）が洋服の制服を採用し、以後、女学校の制服に洋服が増えていきます。1920年代には紺色のセーラー服が登場しました。

※1883（明治16）年、欧米の外交官を接待する社交場として建設された洋館。

※女性用の袴で、股に仕切りがなく、ロングスカートのようなつくりになっている。

葡萄茶式部と呼ばれた女学生たちは、裾の乱れを気にすることなく、自転車に乗ったり、テニスを楽しんだりしました。

大正時代に職業婦人の制服が洋装化を進める

大正時代には、女性の社会進出が進み、「職業婦人」（↓P21）と呼ばれる新しい職業に就く女性たちが登場します。**職業婦人の制服は、洋装化の流れを進めました。**「白衣の天使」と呼ばれた看護師は、白い看護帽と看護服を身につけ、バスの車掌である「バスガール」は、黒の上着・スカートに白い襟という洋服の制服を着用します。こうして、学校や職場の制服が洋装化したことで洋服への抵抗感がなくなり、洋服が普及していくことになったのです。

庶民の間で最初に普及した女性用の洋服は、1923（大正12）年の関東大震災後に大流行した「アッパッパ」でした。**アッパッパは木綿製の夏用ワンピースで、脱ぎ着が簡単で洗いやすく、昭和時代前期に女性の普段着として広まりました。**

女性服の洋装化はさらに進んでいき、ショートカットの髪型で膝丈の短いスカートをはいて銀座通りを歩く**「モダンガール」（通称：**

モダンガールの特徴は、断髪（ショートカット）、膝丈の洋服、ハイヒール、釣り鐘型のクローシェ帽子など。当時、最先端のファッションで身を包んだ女性たちでした。

アッパッパは涼しい着心地で、高温多湿の日本の夏によく合ったため、庶民に愛用されました。当時は「簡易服」とも呼ばれ、日本最初の婦人既製服といわれます。

モガ）」が登場します。しかし、1937（昭和12）年に日中戦争が始まると、衣類は不足し、「贅沢《ぜいたく》は敵だ」というスローガンのもと、華やかなファッションは規制され、農村の作業着だった**「もんぺ」**が女性の国民服として推奨されるようになるのです。

もんぺはズボン型の袴で、足首の部分が絞ってあります。戦時中に女性の標準服とされ、都会の女性も着用しました。もんぺが普及したことで、戦後の日本では、女性のパンツスタイルに抵抗が小さかったといわれます。

明治時代に西洋の化粧法が浸透する

西洋化を目指す明治政府は、1870（明治3）年、華族《かぞく》（近代日本の貴族階級）に対して歯黒めと引き眉を禁止しました。その3年後には、明治天皇と皇后が歯黒めと引き眉をやめたことを発表したため、伝統的な化粧法はしだいに行われなくなり、化粧は洋風化していきました。

当初、化粧品は輸入に頼っていましたが、国産の化粧品の研究開発が進められ、石鹸《せっけん》や化粧水、クリームなどの洋風化粧品が各社から発売されるようになりました。

大正時代には洋風の化粧法が大衆化し、女性の社会進出に伴って、化粧は女性に必要な身だしなみと考えられるようになります。このため簡単で長持ちする化粧品が支持されるようになりました。**女性の美しさの基準も、「健康美」が重視されるようになり**、自然な肌色に近い「肉色白粉」や、美白効果がある化粧品などが登場します。昭和時代初期になると、画一的な化粧ではなく、**その人の個性に合った化粧を重視する考えが出てきました。**

男女の服装の差が小さくなった戦後日本

第二次世界大戦後、日本を占領したアメリカの文化の影響で、女性たちの洋服着用は大きく広まります。洋裁学校には入学希望者が殺到し、洋裁ブームが起き、町には洋裁店が建ち並びました。戦後の物資不足のなかでも、女性たちは新しいファッションを求めて手持ちの着物を洋服へと仕立て直したのです。

1960年代後半には、ミニスカートが爆発的に流行します。それまで、女性の脚は隠すものとされていましたが、**伝統的な美意識や価値観に抵抗したい若い女性たちは、自分の体や生き方を肯定するため、ミニスカートを支持したのです。**

しかし、男女による洋服の違いは、まだまだ大きいものでした。女性は結婚して専業主婦（↓P40）になることが当たり前とされた高度経済成長期では、ハイヒールにスカートが女性の洋服の基本でした。

1970年代、女性の社会進出が進んでいくと、アメリカのカジュアル文化の影響から、Tシャツにジーンズというファッションが日本でも人気を集めます。Tシャツもジーンズも、男女の区別はありません。やがて女性のパンツルックも定着し、**男女の服装の差は小さくなっていきます。**

現在、学校の制服でも、職場での服装でも、女性はスカートとパンツの両方を選べるところが増えています。

しかし、女性の髪型やスカートの長さなどに細かい規則を設けている学校や、化粧やハイヒール・パンプスを女性に義務付けている職場はいまだにあります。世界的には、女性の服装規定を廃止する動きが広がっていますが、日本では、こうした規定を肯定する人たちも少なくありません。また、トランスジェンダーのなかには、性自認（↓P106）とは異なる性の衣服を強制されることに強い抵抗感をもつ方もいます。性とファッションの関係はどうあるべきか、議論を深めていく必要があるでしょう。

Chapter 9

政治参画

political participation

日本は他国と比べて
女性の政治家がとても少ない国です。
政治の場においてこそ
男女平等が求められる現代において
なぜ女性リーダーが
生まれないのでしょうか。

現代の「政治参画」にまつわる声

政治参画とは、政府の政策決定に関わることを意味します。極端に女性政治家が少ない日本の現状に対する声を聞いてみましょう。

女性議員が少ないのはなぜ？
投票しようとしても適した候補者が見つからない…
日本に女性のリーダーがいた時代はあった？

現在の日本政治は女性リーダーが不在

世界では、女性の首相や大統領が次々に誕生していますが、**日本では、女性が首相の地位についたことはなく、閣僚ポストに女性が占める割合は世界平均以下です。女性国会議員も少なく、政治分野におけるジェンダーギャップ（男女格差）は、世界の中でも最低レベルが続いています。**

では、いつから、どういった流れで、日本の政治は、男性がリードするようになったのでしょうか？　日本史には女性の政治的リーダーは存在しなかったのでしょうか？　古代から女性の政治参画について、考えてみましょう。

政治分野での男女格差ランキング

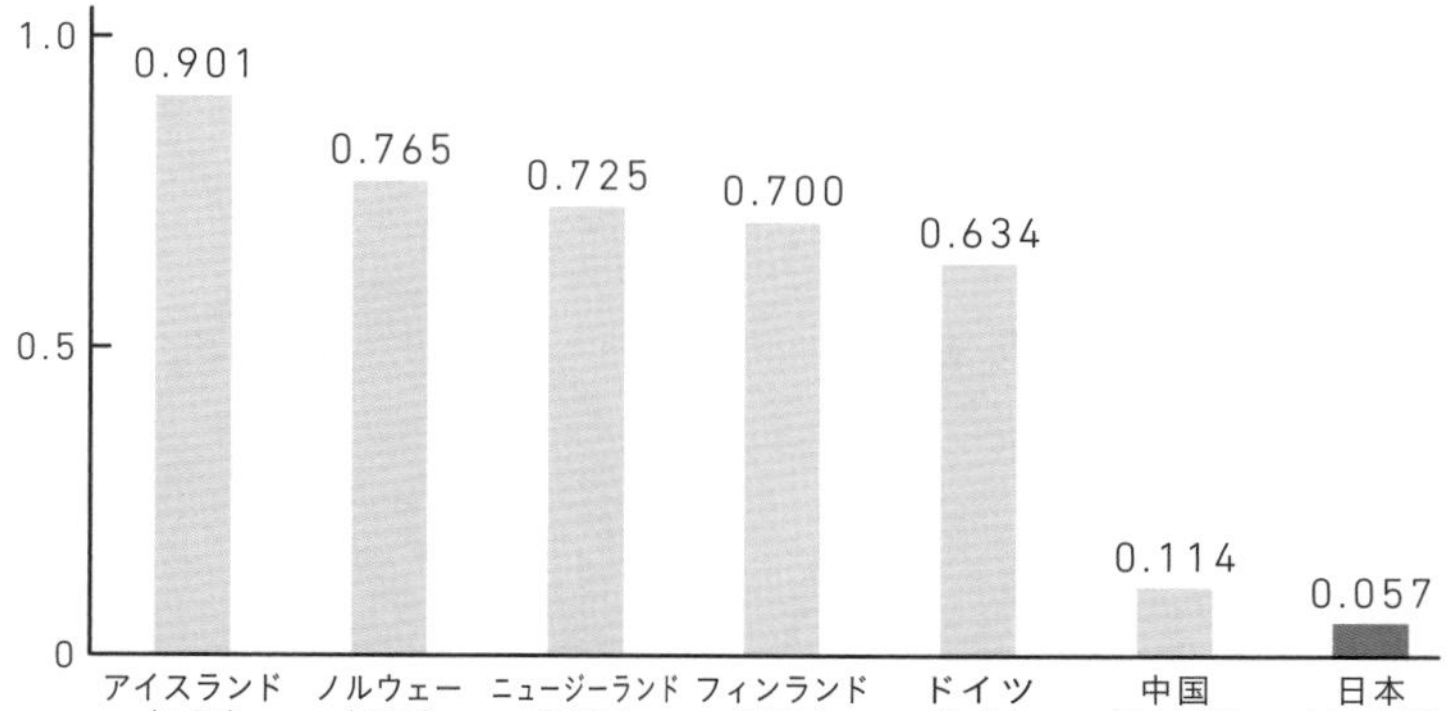

※スコアは「国会議員（衆議院議員）の男女比」「女性閣僚の比率」「過去50年の女性首相の在任期間」によって採点。数値が小さいほど男女格差が大きい。

出典：「グローバル・ジェンダーギャップ・レポート2023」（世界経済フォーラム）

古代日本に誕生した女性リーダー・卑弥呼

古代日本の女性リーダーといえば、弥生時代の**邪馬台国《やまたいこく》の女王・卑弥呼《ひみこ》**でしょう。中国の歴史書『魏志倭人伝《ぎしわじんでん》』によると、当時の倭国（日本）で、小国どうしの争いが続いていたところ、共通の王として卑弥呼を立てると争いは収まり、連合国である邪馬台国が誕生したといいます。卑弥呼は未婚で、宮殿の奥で鬼道《きどう》（呪術）を行い、卑弥呼の言葉はひとりの男性によって人々に伝えられ、政治は弟が補佐していたと書かれています。

こうしたことから、卑弥呼は占い専門の「巫女《みこ》」であり、実際に政治を行っていたのは卑弥呼の弟だという考え方が、明治時代に生まれました。卑弥呼は政治的リーダーではなかったのでしょうか？

古代日本では男女が平等に政治参加していた

まず、呪術に対する考え方が、弥生時代と今とではまったく違っていることを考える必要があるでしょう。当時は呪術によって農業や軍事など、あらゆるものごとを判断していました。**呪術と政治は強く結びついていたのです。**卑弥呼が得意だったのは呪術だけではありません。魏《ぎ》（中国の王朝）に使者を送り、「親魏倭王《しんぎわおう》」の称号を得るなど、卓越した外交手腕をもっていたことがわかっています。

邪馬台国の「会同《かいどう》」（政治集会）には、年齢の区別なく、男女がともに参加していました。

また、卑弥呼に限らず、古代日本では王が独裁的な政治を行うのではなく、王が有力者

『日本書紀』の神功皇后《じんぐうこうごう》紀《き》には、卑弥呼の名は記されていませんが、「倭の女王が難《な》升《し》米《め》を遣わす」と記されています。難升米は卑弥呼が魏に遣わした使者の名で、『魏志倭人伝』に記されています。卑弥呼の名が記されなかったのは、卑弥呼と天皇との関係を説明できなかったためと考えられます。

に補佐されて政治を行うことが一般的でした。『魏志倭人伝』には亡くなった卑弥呼は大きな塚に埋葬されたと記されています。卑弥呼が活躍した時期の墓地である二塚山《ふたつかやま》遺跡（佐賀県）には、首長《しゅちょう》（集団の指導者）と見られる9基の墓がありますが、このうち約半数にあたる4基が女性です。こうしたことからも、卑弥呼は例外的な呪術的リーダーだったのではなく、**男女が平等に政治参加し、女性の首長が存在する社会の中から誕生した政治的リーダー**だったと考えられるのです。

古墳時代中期に女性首長が激減する

地域によって違いがありますが、弥生時代後期から古墳時代前期にかけて、女性首長が埋葬された前方後円墳は全体の3〜5割を占

めています。この時期の副葬品は、男性・女性首長ともに、鏡や玉類（装飾品）、農耕具が中心です。鏡や玉は呪術に使用することから、当時の首長は、男女ともに呪術を用いて政治を行い、農業生産を重視していたことがわかります。また、女性首長の遺骨の一部には、妊娠痕が見つかっています。**古代の首長は、卑弥呼のような未婚の呪術者ではなく、「母」だった可能性もあるのです。**この時期、首長の地位は世襲ではなかったこともわかっています。

しかし5世紀、**古墳時代の中期になると、女性首長の古墳は、急激に減っていき、副葬品に武器や甲冑などが目立つようになります。**この時期に武力紛争が増え、首長の多くは、男性の軍事的指導者がつとめるようになったと考えられます（→P133）。

ただし、中・小規模の古墳の中には、女性が葬られたものが存在するので、少数ではあるものの、5世紀にも女性首長が存在していた可能性はあります。

日本初の女性天皇・推古天皇の誕生

古墳時代前期の3世紀後半、奈良盆地に日本初の統一政権である「ヤマト王権」が誕生します。**「大王《おおきみ》」**（後の天皇）と呼ばれるヤマト王権の首長は、**実力のある豪族の中から選ばれ、ときにはその地位をめぐって抗争が起きることもありました。**しかし6世紀になると、大王の地位は、26代継体《けいたい》天皇の子孫によって継承（世襲）されていくようになります。

ただ、世襲体制が整ったとはいえ、皇位継承のルールが明確に定まっていたわけではありません。皇位継承の条件は、「王家の血を引く人物であること」のほかに、豪族たちから政治能力や経験、人格などが優れていると認められることでした。当時、即位するのにふさわしいとされた年齢は30〜40代とされ、親子間ではなく、きょうだい（もしくは一族の中の同世代）間によって継承されるのが基本でした。32代崇峻《すしゅん》天皇が暗殺されると、その妃だった**推古《すいこ》天皇が39歳で日本初の女性の大王となりました。**これは、経験のない若い男性よりも、経験豊かで、能力の高い女性が豪族の支持を集めたことを物語っています。

推古天皇は、甥の聖徳太子（厩戸王《うまやとおう》）と、叔父の蘇我馬子《そがのうまこ》と協力関係を築いて、先進的な政治を行ったことはよく知られています。推古天皇は馬子から、天皇の直轄領であった葛城《かつらぎ》の県《あがた》（領地）を自分に譲ってほしいと求められたとき、「その望みをかなえたら、後世、私は愚かな女と言われ、あなたも不忠と言われるだろう」と毅然と断っています。身内を優遇すれば、豪族から反感を買い、王権は揺らぎます。**優れた政治感覚を備えていた推古天皇は豪族から高く評価され、**その治世は亡くなるまでの36年の長きに及んだのです。

経験・能力で選ばれた飛鳥〜奈良時代の天皇

日本には、これまで8人の女性天皇がいます。推古・皇極《こうぎょく》（※重祚《ちょうそ》して斉明《さいめい》）・持統《じとう》・元明《げんめい》・元正《げんしょう》・孝謙《こうけん》（重祚して称徳《しょうとく》）・明正《めいしょう》・後桜町《ごさくらまち》天皇です。**このうち6人（重祚を含めて8人）が、飛鳥〜奈良時代に集中し、この時**

※一度退位した天皇が再び位につくこと。

期の天皇のほぼ5割を、女性天皇が占めています。明治時代以降、古代日本に女性天皇が集中した理由は、男系男子に皇位を継承させるために、幼い皇子が成長するまでの「中継ぎ」であったとする説が長く主流でした。しかし近年では、**当時の大王は、推古天皇のように、経験や能力によって選ばれたことが明らかになっています。**

父系制の確立とともに減少した女性天皇

推古天皇以降、特筆するべき業績を残した女性天皇が、持統天皇（鸕野讃良《うののさらら》）です。鸕野讃良の夫・大海人皇子《おおあまのみこ》は、壬申《じんしん》の乱（672年）に勝利して40代天武《てんむ》天皇として即位した人物で、天武が亡くなると、鸕野讃良は称制《しょうせい》（即位せずに政治を行うこと）によって権力を握りました。

鸕野讃良は自分の子・草壁皇子《くさかべのみこ》に皇位を継がせようとしますが、草壁は即位前に27歳で亡くなってしまったため、690年、持統天皇として正式に即位します。このとき、持統天皇は「自分は天から地上に下された神の子孫」であることを強調し、豪族たちを「官人」として、政権に組み込みます。こうして、**次期天皇は豪族から選ばれるものではなく、天皇が後継者を選ぶという方向に進んでいったのです。**

「天皇」は、それまで**大王《おおきみ》と呼ばれていましたが**、持統の治世に「天皇」という呼称が定着したとされます。天武・持統天皇は中国の律令《りつりょう》（刑法・行政法）を取り入れて、律令制の確立に努めましたが、律令制の基本原理は※**父系制**でした。持統以後も、元明、元正、

※財産や地位などが父から子に継承されていく制度。

日本の女性天皇

1	33代	推古天皇	在位592～628年
2	35代	皇極天皇	在位642～645年 重祚して、37代斉明天皇（在位655～661年）
3	41代	持統天皇	在位690～697年（称制686～689年）
4	43代	元明天皇	在位707～715年
5	44代	元正天皇	在位715～724年
6	46代	孝謙天皇	在位749～758年 重祚して、48代称徳天皇（在位764～770年）
7	109代	明正天皇	在位1629～1643年
8	117代	後桜町天皇	在位1762～1770年

※飛鳥時代～奈良時代の天皇の人数や治世のほぼ５割を、女帝が占めている。

孝謙と、女性天皇が誕生しますが、**律令制が整っていくにつれて、女性天皇は姿を消していきました。**

奈良時代の女官は男性とともに働いた

奈良時代に律令制が整っていくと、女官（女性役人）だけの12の官庁が設置されました。この「後宮《こうきゅう》十二司《じゅうにし》」の仕事は、※後宮に関する事務を行うことがメインでしたが、**日本の後宮は、中国の後宮と違って男子禁制ではなかったので、男女が一緒に同じ仕事をすることがよくあり**、また、儀式などにも、女官は男性官人とともに参列していました。

天皇の言葉を貴族などに取り次ぐ仕事も女性だったため、強い権勢をもつ女官も現れました。例えば、後宮の最高位に君臨した藤《ふじ》

※天皇や皇后、妃、皇子・皇女などが住む場所。中国では皇帝以外の男性は宦官《かんがん》（去勢された男子）しか立ち入りできなかったが、日本の後宮には、皇后の家族や貴族なども出入りしていた。

藤原彰子の人物相関図

藤原氏は、自分の娘が生んだ子を天皇にすることで、摂政《せっしょう》・関白《かんぱく》などの男性にしかなれない要職についた（摂関政治）。彰子は国母として、父・道長と弟・頼道による摂関政治の全盛期を支え続けた。

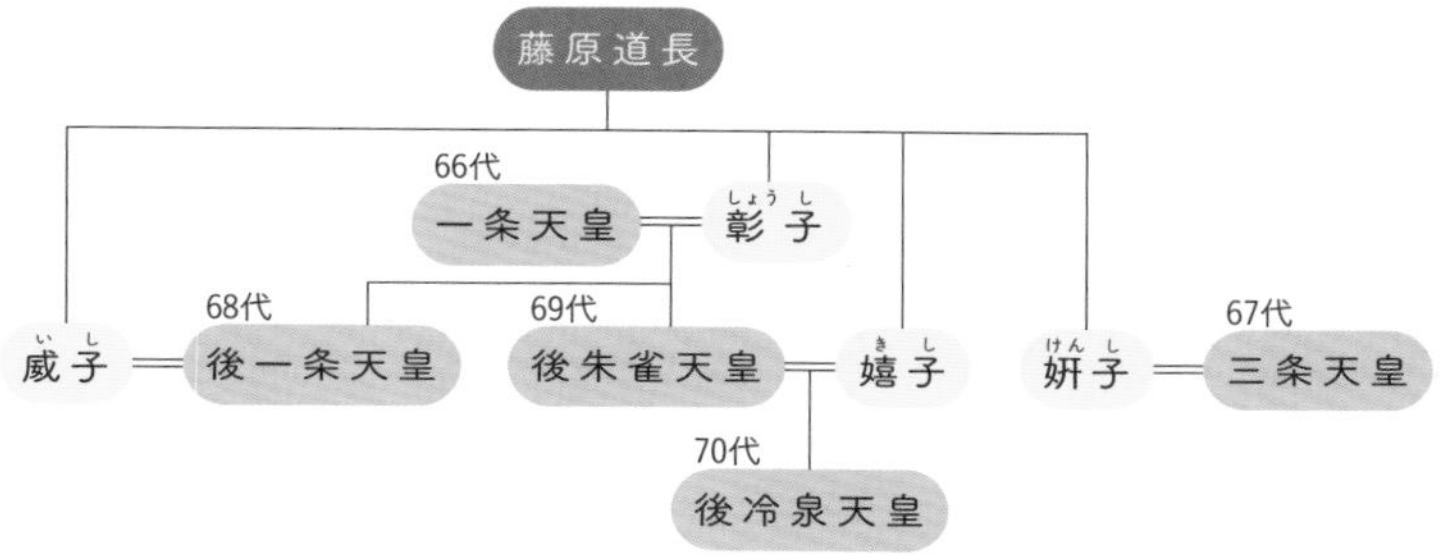

原《わらの》袁比良《おひら》（藤原仲麻呂《ふじわらのなかまろ》の妻）は、夫の仲麻呂の独裁政権を支え続けました。袁比良の死後、勢力を失った仲麻呂は、反乱を起こし、敗死することになります。

また、「奈良の大仏」を建立したことで知られる聖武《しょうむ》天皇は、**「男女がともに仕えるのが道理だ」**と明言しています。このように、古代日本では、女性が政治・行政に参加することは、当然のことだったのです。

平安時代は幼い天皇の母が強い権力をもった

平安時代に天皇の位が父から子に継承されるようになると、貴族や豪族たちの官職も父から子に受け継がれるようになります。帝位や朝廷の要職に就けなくなった女性たちは、経済力や政治力を失っていきますが、**「国**《こく》

院政のしくみ

院政では、上皇が、自分の子を天皇にして権力を握る「父系」の政治体制だった。ただ、鳥羽上皇から寵愛を受けた皇后・美福門院のように、強い権力を握る女性もいた。

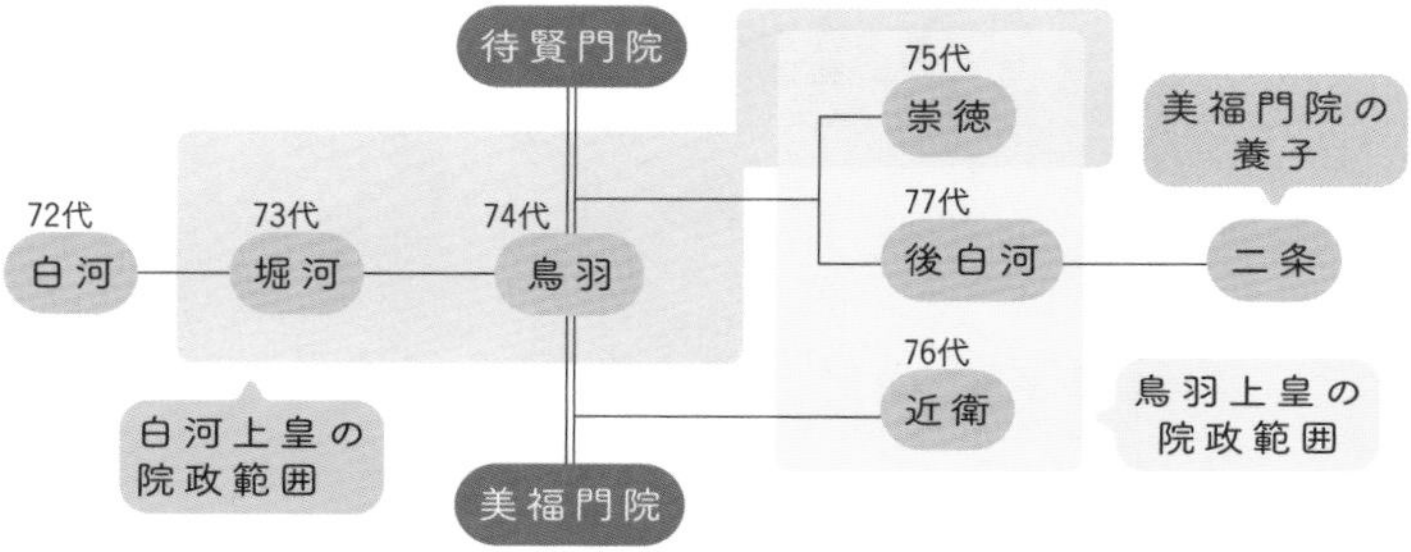

母《も》」（天皇の母）として権力をもつ女性たちが現れます。

国母が権力をもつことができたのは、天皇の父は上皇《じょうこう》（位を退いた天皇）になると内裏《だいり》（天皇の住居）に入れなかったのに対し、国母は内裏で息子である天皇の補佐ができたことが影響しています。朝廷の最高職である※**摂政・関白は、天皇の権力を代行する国母の意見に従って政治を行っていました。**

藤原道長《ふじわらのみちなが》の娘・彰子《しょうし》（一条《いちじょう》天皇の皇后）は、後一条《ごいちじょう》天皇・後朱雀《ごすざく》天皇の国母として、63年の長きにわたって天皇家に君臨しました。**「妻」よりも「母」が権力をもてたのは、子どもが母方の家で養育される日本の育児文化が影響していたと考えられます。**

平安時代末期に、上皇が政治の実権を握る「院政《いんせい》」が始まり、政治システムは、女系

※摂政は幼い天皇の補佐役で、関白は成人した天皇の補佐役。摂政・関白に限らず、朝廷の重要な官職には男性が就いた。

（摂関政治）から男系（院政）に移りましたが、国母の権勢が完全に失われたわけではありません。上皇が不在のときは国母が天皇を補佐し、院政を支えました。鳥羽《とば》天皇の皇后・美《び》福門院《ふくもんいん》は、子の近衛《このえ》天皇を3歳で即位させて国母になると、強い権勢を誇りました。近衛天皇の死後には、崇徳《すとく》上皇の子を退けて、養子の二条天皇を即位させるための「つなぎ役」として後白河《ごしらかわ》天皇を即位させました。

鎌倉時代、夫の死後に権限を握った後家尼

鎌倉時代になると、女性が夫の家に嫁に入る「嫁入婚《よめいりこん》」（↓P34）が定着します。これにより、家の財産の多くを※嫡子《ちゃくし》が相続するようになると、女性が政治の表舞台に立つことは少なくなりました。しかし、夫の死後、**出家して家に留まった妻（後家尼《ごけあま》）は、家長として強い権限を握ることがありました。**

源頼朝《みなもとのよりとも》の死後、将軍の権力を引き継ぎ、「尼将軍《あましょうぐん》」と称された**北条政子《ほうじょうまさこ》**は、承久《じょうきゅう》の乱のとき、御家人《ごけにん》（将軍の家来）たちに後鳥《ごと》羽《ば》上皇の軍勢と戦うことを呼びかけ、幕府軍を勝利に導いたことは有名です。

戦国時代、大名の妻は家を守るために活躍する

戦国時代に活躍した後家尼の代表が、駿河（現在の静岡県）の戦国大名だった今川氏親《いまがわうじちか》の妻・**寿桂尼《じゅけいに》**です。「女戦国大名」とも呼ばれた寿桂尼は、氏親が病で倒れて寝たきりになると、政務を担当するようになります。寿桂尼は、今川氏が定めた近畿以東で最古の※分国法である「今川仮名目録《いまがわかなもくろく》」の制定にも深く

※家の跡継ぎのことで、通常は長男。
※戦国大名が領国を支配するために出した法令。

関わったといわれます。寿桂尼は氏親の死後、自らの印を使って文書を発給していましたが、今川家を継いだ息子の氏輝《うじてる》が16歳になると、表舞台から退きました。

豊臣秀吉《とよとみひでよし》の妻・ねね（北政所《きたのまんどころ》）も、秀吉とともに政策を考えたり、秀吉が遠征中のときに留守を預かったりするなど、夫の天下統一事業を支えました。ねねに実子はいませんでしたが、加藤清正《かとうきよまさ》や福島正則《ふくしままさのり》など、秀吉子飼いの若い武将たちの面倒をよく見たので、母のように慕われていたといいます。戦国～安土桃山時代には、前田利家《まえだとしいえ》の妻・まつ、山内一豊《やまうちかずとよ》の妻・千代《ちよ》など、**夫の出世に大きく貢献した妻たちが現れます。**

しかし、江戸時代になり、幕府が大名の妻子を人質として江戸に住まわせることを定めると、大名の妻が夫の留守中に家を切り盛り

武家の妻の役割変化

鎌倉時代から安土桃山時代まで、武家の妻は夫とともに本拠地で暮らし、夫が留守のときは一族や家臣を率いて家を守った。しかし、江戸時代に参勤交代が始まると、大名の妻は人質として江戸で暮らすようになり、藩（本拠地）で家を切り盛りできなくなった。

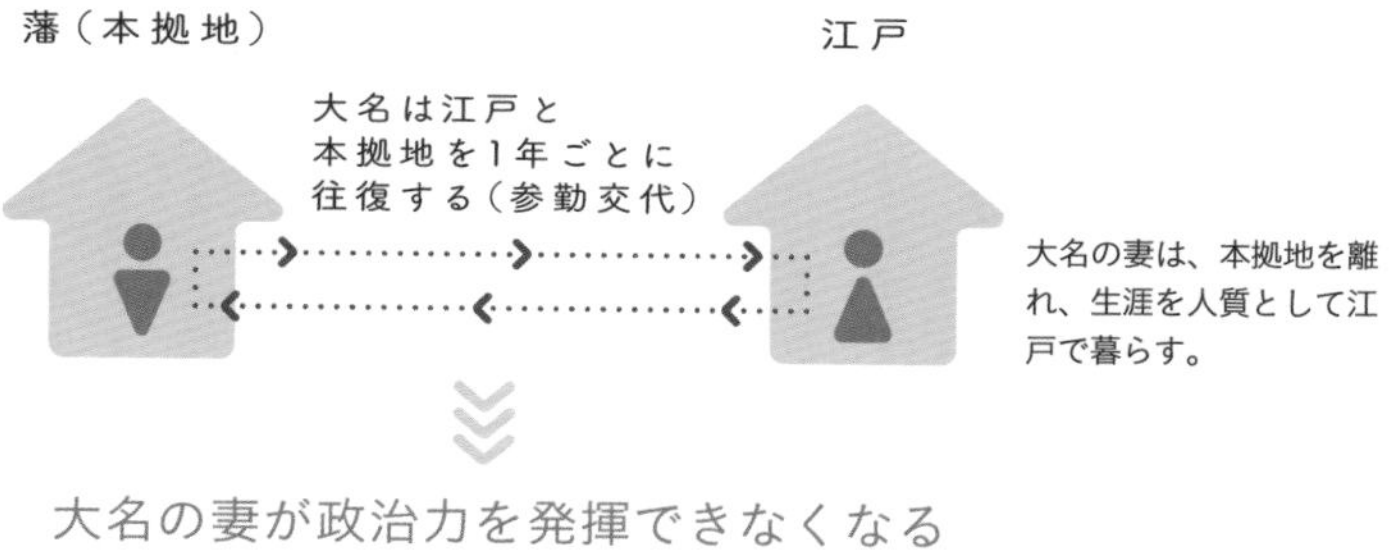
藩（本拠地）
江戸
大名は江戸と
本拠地を1年ごとに
往復する（参勤交代）
大名の妻は、本拠地を離れ、生涯を人質として江戸で暮らす。
大名の妻が政治力を発揮できなくなる

することが難しくなっていきました。

江戸時代の大奥は将軍の政治を支えた

大奥とは、江戸城内で将軍の正妻（御台所《みだいどころ》）や側室が暮らした場所のことですが、「男子禁制の将軍のハーレム」といったイメージをもっている人も多いのではないでしょうか？　実は、大奥には男性の役人が出入りし、大奥は政治的役割も果たしていました。

江戸城の内部は、「表向《おもてむき》」と「奥向《おくむき》」に分かれていました。表向は、将軍が大名と会ったり、儀式を行ったりする場所です。さらに奥向は、将軍が日常の政治を行う「表方」と、将軍の妻や子どもたちが住む「奥方」に分かれています。大奥とは、奥方の呼称なのです。

そして、**大奥の中で表方と接する「広敷向《ひろしきむき》」と呼ばれる空間には、男性役人が勤めていて、奥女中（大奥に仕えた女中）と協力しながら、大奥を運営していたのです。**大奥の構造は、将軍家だけでなく、大名家でも同じでした。

大奥の女性たちは、将軍の後継ぎの決定や、将軍の子どもたちの結婚相手選びのほか、幕府の人事に関わることもありました。徳川家光《とくがわいえみつ》の※乳母《めのと》だった**春日局《かすがのつぼね》**は、家光が3代将軍の座につけるように尽力した功績で大奥の統率を任され、絶大な権勢を振るいました。

5代将軍・徳川綱吉《とくがわつなよし》の生母・**桂昌院《けいしょういん》**は、神仏への信仰が厚く、護国寺などの大寺院を建立し、生き物の殺生を禁じる「生類憐《しょうるいあわれ》みの令《れい》」を綱吉に出すように進言したとされます。また、幕末維新期の戊辰《ぼしん》戦争のときは、13代将軍徳川家定《とくがわいえさだ》の正妻・**天璋院《てんしょういん》**（篤姫《あつひめ》）と、14代将軍徳川家茂《とくがわいえもち》の正妻・**和宮《かずのみや》**が、徳川家を

※実母に代わって、子どもを養育する女性。貴族や武家では、乳母をおくことが一般的だった。

江戸城の表向と奥向

表向			奥向			
			表方	奥方		
大広間	白書院	黒書院	御座之間	広敷向	長局向	御殿向
大きな儀式の間	将軍の応接間	将軍の応接間	将軍の執務室	役人の詰め所	奥女中の住居	将軍とその家族の住居
男性の空間					女性の空間	
				大奥		

※大奥（奥方）の広敷向には男性役人がつとめており、大奥の事務・会計・警備などを担っていた。
出典：『新書版 性差の日本史』国立歴史民俗博物館監修「性差の日本史」展示プロジェクト著（インターナショナル新書）より作成

守るために新政府と交渉し、江戸城無血開城の実現に貢献しました。

しかし、明治維新後、天皇の住居には、大奥のような空間がなくなり、女官たちも排除されていきます。こうして、政治の中枢から女性が締め出されてしまったのです。

明治時代、女性は選挙に参加できなくなる

明治維新によって、近代的な明治政府が成立しましたが、政府の主要メンバーに女性が入ることはありませんでした。

明治時代の前期に、議会の開設や憲法の制定を求める「自由民権運動」が始まると、**高知県の民権運動家・楠瀬喜多《くすせきた》は「女性戸主《こしゅ》（女性の家長）として納税しているのだから、女性にも選挙権があるはず」と主張しました。**

一家の責任者である戸主は、通常は男性でしたが、夫に先立たれた場合などに女性が戸主になることがあり、喜多も夫の死後、戸主となっていたのです。これがきっかけとなって、高知県の町村議会の一部では男女平等の選挙権が実現しました。

　また、**岸田俊子**《きしだとしこ》のように、男女同権を主張して各地で演説する女性も現れました。その後、自由民権運動によって男性に選挙権が与えられ、国会が開設されることになりましたが、**女性の政治参加は法律で禁止されてしまいます。**

　国会が開設したとはいえ、選挙権が与えられたのは、高額の税金を払っている男性に限定されていました。大正時代になると、国民の間に「納税額に関係なく選挙権を与えるべき」という主張が高まりました。平塚らいてふ《ちょう》も、女性参政権を求める運動を起こしましたが、1925（大正14）年に成立した普通選挙法によって選挙権が与えられたのは「満25歳以上の男性」だけでした。**「女性は家**

明治時代初期に自由民権運動に参加した岸田俊子は、各地で演説を行い、女性の権利拡張を訴えました。俊子が記した評論「同胞姉妹に告ぐ」は、日本最初の男女同権論とされます。

出典：「国史大図鑑 第5巻」国立国会図書館

平塚らいてふは、女性文芸誌『青鞜《せいとう》』を刊行し、「元始、女性は太陽であった」と記したことで知られています。市川房枝《いちかわふさえ》らと新婦人協会を結成し、女性参政権を求めて活動を続けました。

出典：国立国会図書館「近代日本人の肖像」

各国の女性参政権の獲得年

1893年　ニュージーランド

政治活動家のケイト・シェパードが女性参政権を求めて署名を集めた運動が実を結んだ。

1906年　フィンランド

フィンランド大公国時代より男女平等の推進が行われていた影響で、1906 年にヨーロッパで最初に女性参政権が与えられた。

1918年　イギリス

第一次世界大戦時に女性が社会進出した影響によって、1918 年に女性参政権を与える法案が可決された。

1920年　アメリカ

19 世紀に始まった女性参政権を求める運動によって、1920 年、白人女性にのみ女性参政権が認められた。

1945年　日本

敗戦後、連合国軍総司令部の指令により女性参政権が認められた。

1971年　スイス

男性のみが参加する国民投票によって重要な政策を決める政治体制だったが、投票権を求める女性運動が男性の意識を変えていき、1971 年の国民投票によって、女性参政権が認められた。

制度の維持に尽くす存在であり、政治参加するべきでない」という考え方は、日本が戦争に向かっていくなかで、ますます強められていったのです。

女性議員があまり増えなかった戦後日本

日本は敗戦後、GHQ（連合国軍総司令部）の指示によって、女性にも参政権が与えられ、1946（昭和21）年の衆議院総選挙では39人（議員全体の8・4％）の女性議員が誕生しました。

しかしその後、女性議員の数はあまり増えず、2023（令和4）年10月現在、**衆議院で48人（10・3％）、参議院で66人（26・8％）となっています。**そして、地方議会でも、女性議員の割合は15％前後で、女性議員がゼロという議会もあります。**日本の女性議員（衆議院議員）の割合が世界最低ランクであることは、しばしば報道されています**（186か国中164位／2023年2月時点／内閣府調べ）。

日本で女性議員が少ない原因は、子育て・家事との両立の難しさ、選挙費用が高額であること、ハラスメントなどのさまざまな理由があるといわれます。世界では、女性議員を増やすために、議席の一定数を女性に定める※クオータ制を導入する国が増えていますが、日本では、議論が進んでいないのが現状です。

価値観が多様化する現代社会において、さまざまな問題に対して柔軟に対応できる政策が求められています。しかし、女性議員が少ないと、女性の声が政治に反映されにくくなり、女性が抱える問題に対応できなくなりま

※政治において、候補者や議席の一定数を女性に割り当てる制度。一定数の女性議員を確保できる。

す。特に、**少子化問題の解決などには、女性の視点で考えることがとても重要です。**よりよい日本社会を実現するためには、女性の政治家が増えるしくみをつくることが必要でしょう。

日本の女性議員の割合

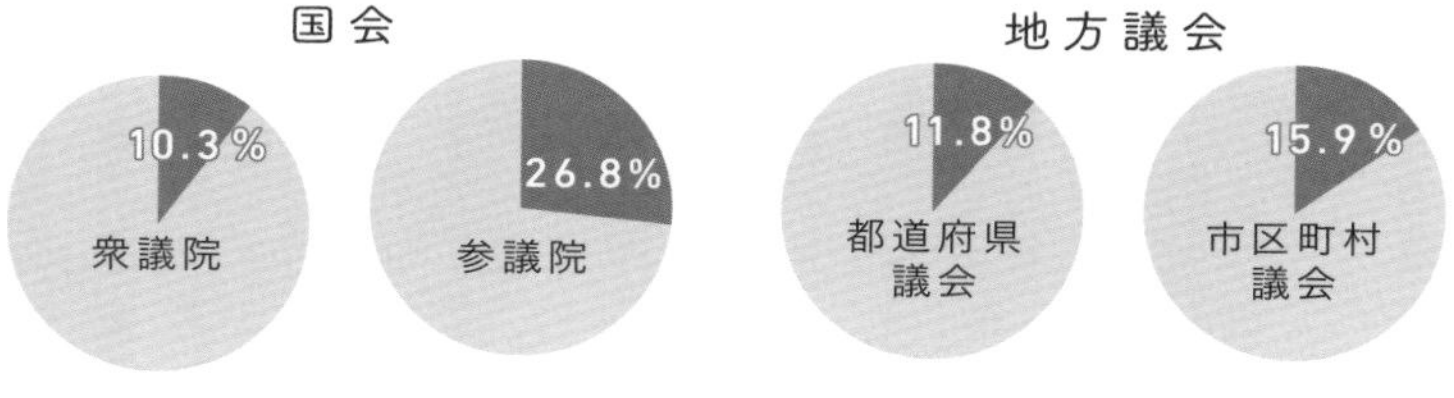

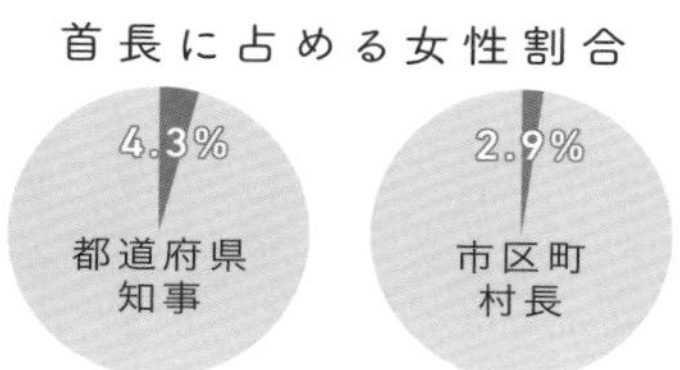

※国会議員は2023年10月19日現在。地方議会は2022年12月31日現在。女性首長は2023年7月1日現在。
出典：「女性活躍・男女共同参画における現状と課題（令和5年10月）」「女性の政治参画マップ2023」（内閣府男女共同参画局）

各国の国会議員に占める女性割合

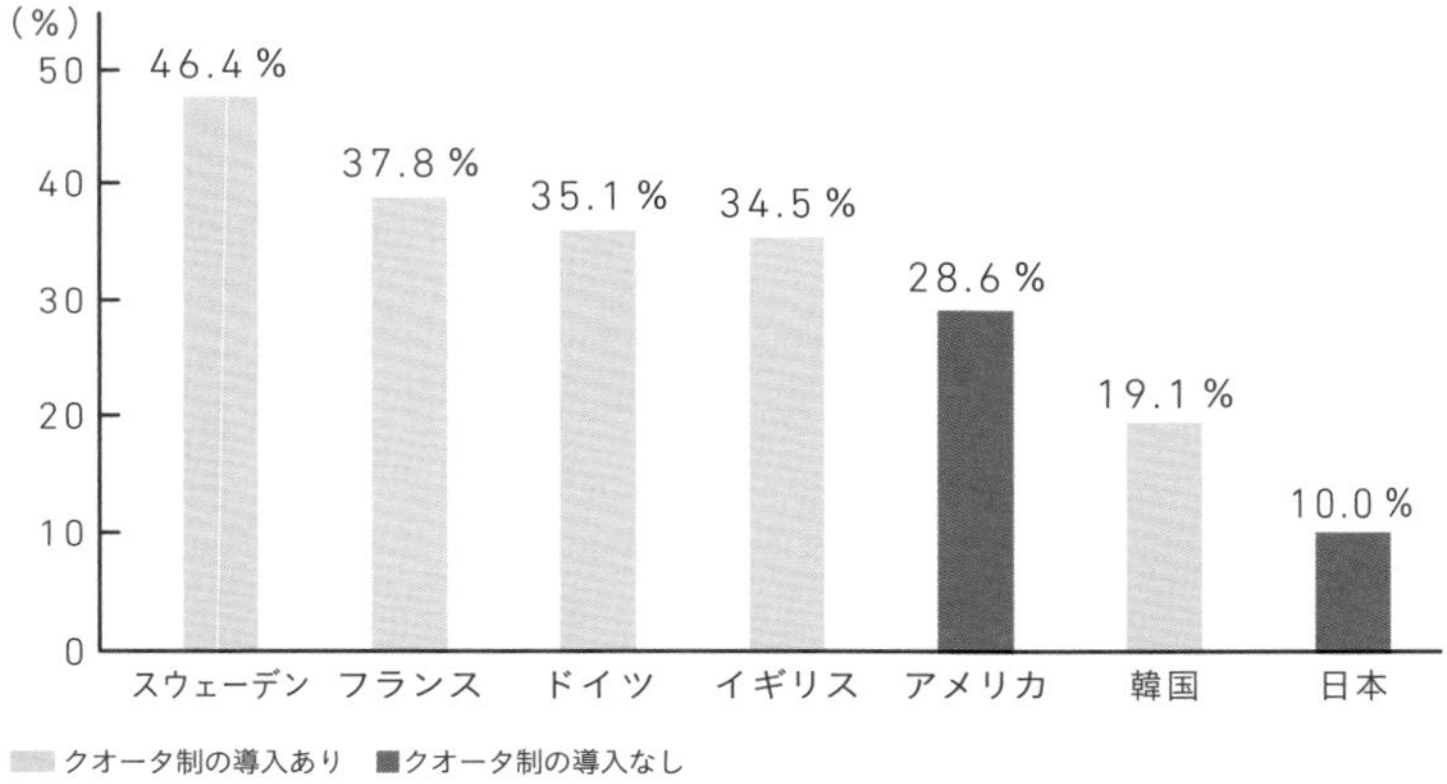

※二院制の場合は下院（日本は衆議院）の数字。2023年2月現在。
出典：「女性活躍・男女共同参画における現状と課題（令和5年10月）」（内閣府男女共同参画局）

Chapter 10

性売買

sex trade

世界有数の性産業大国と
揶揄されることも多い日本。
性売買の歴史と
その背景を知ることで、
現代の問題も見えてきます。

現代の「性売買」にまつわる声

性売買は遠い存在と感じる人もいるかもしれませんが、日本では歴史も古く、女性問題を語るにおいて欠かせないテーマです。現代の声とともにその歴史を振り返ってみましょう。

「性風俗産業で働く人たちの背景を理解したい」

「日本は性産業大国って本当？」

「日本はいつから
買春が行われていたの？」

「なぜ性の話は
タブーなの？」

性売買に関する規制がゆるい日本

日本は性風俗産業に対する規制がゆるく、多種多様なサービスが充実している「性風俗大国」です。世界のポルノコンテンツの約6割が日本製といわれ、一部の未成年者が規制の目をかいくぐって性産業の成り手となり、それを大人がビジネスとして運営しているのが残念な実態です。また、日本では、性的サービスを利用する男性が多いことも特徴です。

その一方、**性産業で働く女性たちへの差別や敵視は根深く、当事者が抱える困難にはあまり目を向けられていません。**日本人のこうした性売買に関する意識は、どういった経緯で生まれたのでしょう?

現在よりゆるやかだった古代の男女関係

一般的に、「売春」は古代から行われたと思われがちですが、古代日本には売春婦は存在しませんでした。古代の男女は双方の合意があればすぐに性的関係をもっていました。結婚自体も、夫が妻の家に通ってくる「妻問婚《つまどいこん》」(↓P30)で、お互いの行き来が途絶えたら、離婚とみなされました。**現在と比べて、男女・夫婦関係はゆるやかだったのです。**

また、古代では毎年、祭りのときに「歌垣《うたがき》」(↓P203)と呼ばれる行事が開かれていました。歌垣には、適齢期の男女だけでなく、既婚者や老人も参加し、お互いに求婚の歌を交わし、その場で自由に性的関係を結びました。当時は、疫病や飢饉《ききん》などで生きるだけでも大変だったので、村を存続させるために、住人たちは総がかりで男女が性的に結ばれるように支援していたのです。もちろん、「貞操観念」といったものはありません。つまり、**古代では、「性」を独占するという考え方がなかったので、性に価値がつくこともありませんでした。「性売買」という行為そのものが成り立たなかったのです。**

古代の
男女関係に
関する用語

「歌垣《うたがき》」

毎年、春と秋に、多数の男女が山や市などに集まって、飲み食いをしながら踊ったり歌ったりする行事。祭祀と一体化して行われ、求婚や性に関する歌を男女が歌い合い、気が合えば自由に結ばれた。

父系制の影響で遊女が誕生する

飛鳥時代の7世紀末に、中国の律令《りつりょう》（刑法・行政法）が日本に取り入れられると、男女の関係が変化していきます。律令の基本原理は、父親が子に財産や地位を継承させる※**父系制**でした。このため、妻が夫以外の男性の子を生んでしまうと、他人の子に自分の財産を譲るという大問題になってしまうのです。

こうした事態を避けるため、妻の性は夫に独占されるようになります。古代から続くゆるやかな男女の性的関係は消えていき、男性は複数の女性と性的関係をもつ機会が減っていきました。この結果、女性との性的関係を求める男性が増え、女性の性に価値がつくようになったのです。こうした男性の性的要求

※財産や地位などが父から子に継承されていく制度。

に応えるかたちで、平安時代の初期（9世紀後半）から、**性を不特定多数に売買する「遊女」が誕生しました。**

芸能の達人だった中世の遊女たち

中世に売春を行っていた遊女や傀儡子《くぐつ》（遊女の呼び名のひとつ）は、売春を専門とするのではなく、別のさまざまな職業に就いていて、特に、**芸能と近い関係にありました。遊女の仕事で優先されたのは売春ではなく、宴会に参加して、宴席を盛り上げることでした。**

当時の貴族女性は人前で顔を見せたり、歌ったりすることはなかったので、遊女たちは「今様《いまよう》」と呼ばれる流行歌のプロの歌い手として尊重されました。彼女たちは、**宴席で芸能を披露した後、男性たちを家に泊めて売春も行いました。**

平安時代の末期には、男装した遊女が、鼓などの拍子のみを伴奏にして今様などを歌いながら舞う「白拍子《しらびょうし》」が流行し、それを舞う遊女も白拍子と呼ばれました。

白拍子や遊女には、容姿や歌声だけではなく、和歌や薫物《たきもの》（お香）、書道、管絃《かんげん》（雅楽の演奏）など、さまざまな芸を身につけていることが求められました。遊女の客層は、庶民だけでなく、上皇や貴族、武士、僧侶など多様だったので、幅広い教養が必要だったのです。後白河上皇は傀儡子・乙前《おとまえ》から今様を習い、喉を痛めるほど今様に熱中しました。後鳥羽上皇は白拍子や遊女を集めてたびたび宴会を開き、お気に入りの白拍子・亀菊《かめぎく》に荘園（私有地）を与えています。源義経の愛人だった静御前《しずかごぜん》も白拍子です。**芸に優れ、教養も**

あった女性芸能者たちは、差別されることはなく、上皇や貴族の子を産むこともありました。そうした子どもたちは出家させられることもありましたが、太政大臣・徳大寺実基《とくだいじさねもと》など、朝廷の要職をつとめる者もいました。

宿泊業も遊女の重要な仕事で、旅をする人々に宿を提供していました。宿泊と売春はセットではなく、遊女と寝るためには別料金が必要でした。このため、遊女の宿には、男性だけでなく、女性の旅人が泊まることもあったのです。

古代の性売買に関する用語

「傀儡子《くぐつ》」

傀儡子とは、操り人形を使って芸をする女性のことで、売春も行った。遊女はおもに水辺で船に乗って客を待つのに対し、傀儡子は陸上の宿駅で客を待った。

白拍子は、白い水干《すいかん》（男性用の略装）を着て、立《たて》烏帽子《えぼし》をかぶり、白鞘巻《しらさやまき》の太刀を差し、今様（流行歌）を歌いながら舞いました。白拍子は売春も行ったので、遊女の異称にもなりました。

鎌倉時代に遊女の仕事が売春中心になる

中世の遊女は、優れた芸能人でもあったので、その芸は「家業」として、母から娘に代々受け継がれていきました。**遊女は自営業者で、自らが経営権を握っていたため、自分の考えに基づいて仕事内容を決めることができました。**遊女の夫や両親も、家業を積極的に支えたといいます。また、遊女たちは拠点ごとに同業者組合をつくり、自分たちの権利を守っていたそうです。

しかし、鎌倉時代になって武士中心の世中になると、上皇や貴族などから宴席に呼ばれることが少なくなり、**遊女の仕事の中心は芸能から売春に移り、容姿だけによって評価されるようになります。**このため、遊女たちは客から選ばれるようになり、蔑視されていきます。この頃から、傀儡子は遊女とも呼ばれるようになりました。また、白拍子も含めて、遊女は「傾城《けいせい》」（絶世の美女という意味）という呼び方もされるようになります。

当初、宿場町や都市で遊女屋を経営していたのは遊女の長者（管理・統率者）でしたが、室町時代になると、女性に代わって男性が経営するようになりました。そして戦国時代になると、自立的な遊女はほとんどいなくなり、**遊女屋の男性経営者が、人身売買などで集めた女性に売春をさせるようになっていきます。**こうして遊女は、自営業者ではなくなり、遊女屋の「商品」として扱われるようになったのです。

歌舞伎を踊る遊女は江戸時代に消え去る

安土桃山時代、女性の芸能活動は盛んに行われていました。特に京都では、出雲阿国《いずものおくに》が始めた「かぶき踊り」が大評判になります。かぶき踊りとは、男装して刀を帯びた異様な姿で歌い踊る舞踏劇です。これに目をつけた遊女屋が、**宣伝のために遊女たちにかぶき踊りをやらせたところ、町人だけでなく貴族や武士も熱狂させ、数万人の観客を集めたといいます。**

この「遊女歌舞伎（女歌舞伎）」は、実質的には、客が遊女を品定めする場でした。遊女歌舞伎の人気は高まり、京都だけでなく、全国に広がりましたが、人気の遊女をめぐって男性どうしが喧嘩したり争ったりするようになったため、1629年、江戸幕府は風紀を乱すという理由で、女性が舞台に立つことを禁止しました。その後、歌舞伎は少年だけで演じる「若衆歌舞伎」が人気になりますが、これも実質は少年を対象とする性売買だったので禁止されると、成人男性が演じる「野郎歌舞伎」が演じられるようになり、現在の歌舞伎として発展しました。

遊女歌舞伎が禁止されて以降、女性が芸能の舞台で活動することができなくなります。そして、**遊女歌舞伎を踊る遊女たちは、表舞台から排除され、「遊郭」に閉じ込められることになったのです。**

江戸時代に本格的な「公娼制」が成立する

1585年、豊臣秀吉は大坂（大阪市）に、各地に点在していた遊女屋を集めた区画を建設します。この区画が最初の遊郭とされ、「新町遊郭《しんまちゆうかく》」と呼ばれるようになります。さらに秀吉は、京都にも遊女屋を集めた「柳町《やなぎまち》遊郭」を建設しました。

出雲阿国は、1603年に京都で「かぶき踊り」を始めた女性芸能者。歌舞伎の創始者とされます。かぶき踊りでは、茶屋で男性（男装した女性）が女性と遊び戯《たわむ》れる様子が歌や踊りで表現されました。

江戸幕府も、秀吉の政策を受け継ぎ、**公認の遊郭として江戸に「吉原遊廓《よしわらゆうかく》」（後に浅草に移転して新吉原と呼ばれます）を設け、吉原のみに売春の営業権を与えました。**このほか、大坂新町、京都島原《しまばら》、長崎丸山《まるやま》などが遊郭として幕府に公認されます。

その一方、宿場町や港町の旅籠屋《はたごや》（旅館）には、酒食の給仕のほかに売春も行う飯盛女《めしもりおんな》を雇うことを黙認しました。18世紀以降には、全国で藩公認の遊郭が成立し、**政治権力が売春を公式に管理する「公娼制」が本格的に成立します。**

幕府が遊郭を建設した目的は、治安・秩序の維持や、非合法売春の取り締まり、上納金（税金）の徴収などでした。遊郭の料金は高額だったので、夜鷹《よたか》などと呼ばれる非公認の遊女が働く**「岡場所《おかばしょ》」**が生まれましたが、幕府はこれを厳しく取り締まりました。

また、新吉原の遊女屋は売上の1割を江戸町奉行所に納める必要がありましたが、1868（明治元）年の資料によると、遊女屋からの上納金は、江戸町奉行所や東京府の金銭収入の約12%を占めていました。性産業が、江戸・東京の財政を支えていたのです。

自由を奪われていた遊郭で働く遊女たち

遊郭の出入り口はひとつだけで、周囲は塀や堀などで囲まれていたため、遊女たちは年季（奉公する約束の年限）が明けない限り、遊郭から出ることはできませんでした。遊女たちのほとんどは、農村の口減《くちべ》らしや、いわゆる「借金のカタ」として親や兄弟から売られた女性たちでした。江戸幕府は、人身売買を禁止していましたが、**遊女は建前上、遊女屋に「雇われる」という契約だったので、問題にされなかったのです。**

新吉原には時代によって違いがありますが、おおよそ3000〜5000人の遊女が働いていました。このうち、太夫《たゆう》や花魁《おいらん》などと呼ばれる高級遊女は、ほんのごく一部でした。ほとんどの遊女は、遊女屋に性的サービスを強制され、劣悪な環境で働かされ、休みもなく自由も奪われ、「商品」として管理されていました。**遊女たちは、道路に面した「見世《みせ》」（店）と呼ばれる格子つきの部屋に座らされ、客はその中から、商品を選ぶように遊女を選んだのです。**過酷な処遇と虐待に対して、遊女たちは妓楼《ぎろう》に放火を行って抵抗することもありました。

遊郭を利用する男性は、商家に住み込みで

古代の性売買に関する用語

「太夫《たゆう》」

もとは芸事でサービスをする「芸妓」の最高位に与えられる称号。新吉原では最高級の遊女を指す言葉だったが、「太夫」や「格子《こうし》」（太夫のワンランク下の高級遊女）は、料金が高額すぎたため、しだいに姿を消した。

「花魁《おいらん》」

もとは「散茶《さんちゃ》」と呼ばれる中級遊女だったが、太夫・格子が消えたため、高級遊女を指す言葉になった。また、同じ花魁でも「呼出《よびだし》」「昼三《ひるさん》」「付《つけ》廻《まわし》」などのランクに分かれていた。

働く男性奉公人や、参勤交代で江戸に単身赴任した武士などが多かったようです。特に江戸は人口の約70％を男性が占め、独身男性は50％を超えていました。**遊郭は都市の独身男性の需要に応えるために発展した側面もあるのです。**

明治時代に遊女屋は貸座敷と名称を変える

近代化を目指す明治政府は、奴隷制廃止を訴える国際世論などに配慮して、1872（明治5）年、「芸娼妓《げいしょうぎ》解放令」を出しました。**この法令は、遊女の人身売買を禁止し、遊女の債務を無効として、解放することを命じるものでした。**この芸娼妓解放令は、かなり徹底したものだったので、新吉原遊郭では、一気に3500人以上の遊女が遊郭を離れ、さびれたといいます。

しかし、芸娼妓解放令は人身売買を禁止したけれど、性売買を禁止するものではありませんでした。また、「解放」とは「自分を売った親に引き取ってもらう」ことだったので、例えば、実家から引き取りを拒否されたり、実家に戻った後に、さらに怪しげな遊郭に転売されたりする遊女もいたのです。

その後、政府は、遊女を娼妓と称して公認し、**遊女屋の名称を「貸座敷」と改め、遊女屋が、「性を自由意志で売る娼妓」のために座敷を貸すことを認めます。**つまり、遊女屋が売春をさせているのではなく、遊女自身が座敷を借りて売春を行うという建前にしたのです。こうして、**娼妓は自分の意思で売春をする「みだらな女」として、さらに差別されていくようになります。**

政府が「自由意志」で女性が性を売ることを公認した結果、親の借金のために女性たちが売られ続けることになりました。身売りの代金（前借金《ぜんしゃっきん》）は親が受け取り、売られた娘は娼妓として貸座敷で性を売って借金を返すことになりました。しかし、娼妓たちの収入はたいへん少なく、新吉原遊郭の場合、娼妓の取り分は揚代《あげだい》（代金）の4分の1で、そこから借金とその利子を支払う必要があったので、借金を完済することはほぼ不可能でした。性を売るのは「自由意志」という建前でしたが、娼妓たちは貸座敷業者の管理下に置かれ、自由はありませんでした。実態は人身売買だったのです。

貸座敷の営業場所は新吉原や品川などに限定され、性売買は警察が管理することになりました。また娼妓たちは、定期的に梅毒などの性病検査が義務付けられます。こうして、**「近代公娼制度」が始まったのです。**

明治時代、新吉原の見世に並べられた遊女たちの写真です。遊女たちには自由はありませんでしたが、自分の意志という建前で売春を強要されました。

出典：長崎大学附属図書館所蔵

軍とともに拡張した日本の近代遊郭

貸座敷を集めた遊郭は、東京以外でも、日本各地につくられていき、さらに軍隊の駐屯地にも遊郭が新設されていきました。**軍隊と遊郭はセットで考えられていました。当時、**日清戦争後には、国内の娼妓数は5万人を超えます。

日本の指導者たちも公娼制度を支持し、伊藤博文首相は「娼妓は貧しい親を助けるために身を売っていることもある」と、娼妓の人権を考慮することなく、公娼制度を美化する発言をしています。

日本は国内だけでなく、植民地にした台湾や朝鮮などの都市にも新たな遊郭をつくりました。娼妓の許可年齢は日本（内地）では18

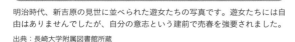

日本における遊客数の推移

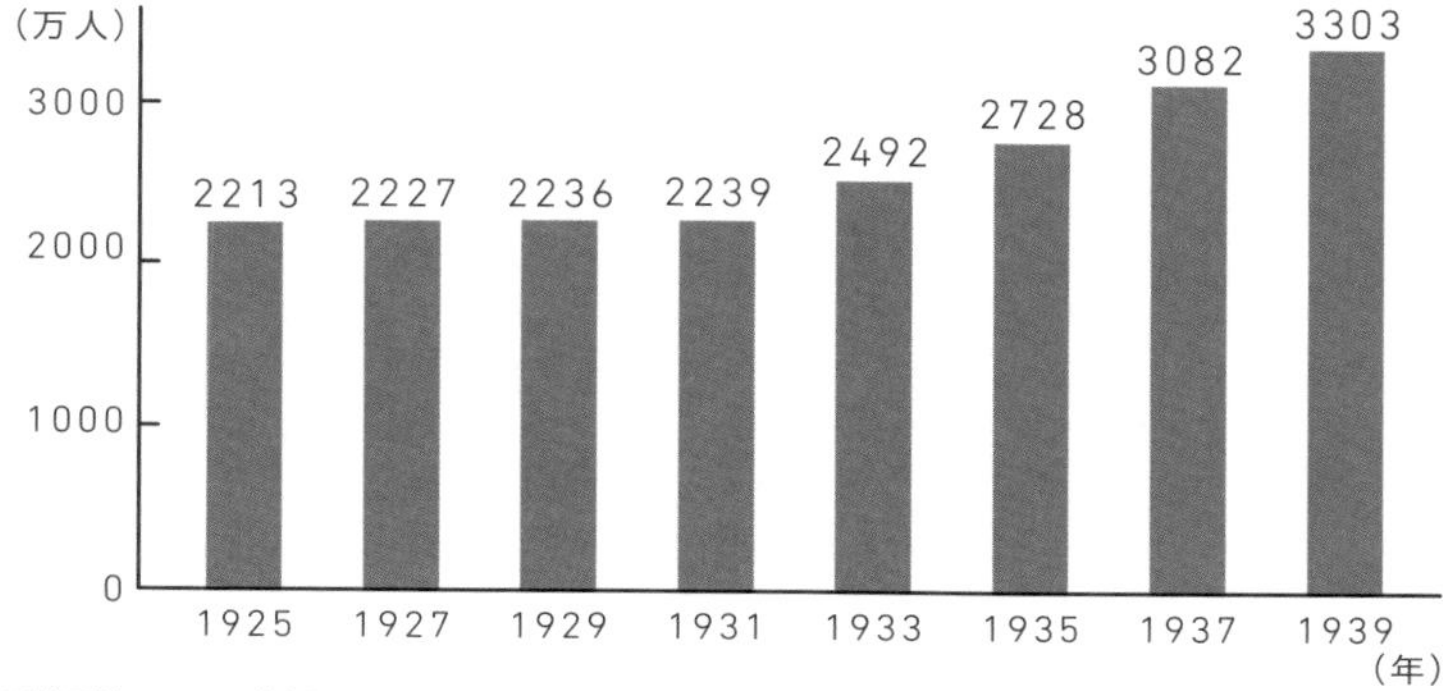

※植民地における遊客数は含まない。
出典：『新書版 性差の日本史』国立歴史民俗博物館監修 「性差の日本史」展示プロジェクト編（インターナショナル新書）

歳でしたが、朝鮮では17歳、台湾では16歳とされ、このため現地や日本の貧しい若い娘たちが朝鮮や台湾で娼妓にされていきました。

近代の遊郭では、警察によって男性遊客の名簿作成が義務付けられていました。その名簿（遊客帳）には、買春にやってきた男性の個人情報や料金、相手の娼妓名などが記されています。それによると、1920年代の日本国内の遊客数は、年間2200万人前後でしたが、1930年代後半には、年間3300万人以上（当時の男性の総人口は約3500万人）を記録しています。**当時の日本では、買春は今では想像もできないほど大衆化していたのです。**

日中戦争から太平洋戦争にかけて、日本軍がアジア地域に占領地を広げていくと、日本軍人が各地で強姦事件を起こして問題となります。軍部は兵士の性的欲求を満たすためとして、警察ではなく軍部が管理する「慰安所」を設置していきました。慰安所には、日本から娼妓出身者が連れてこられ、占領地からも多くの女性たちが集められました。

戦後に広がる日本の性風俗産業

敗戦後、公娼制度はGHQ（連合国軍総司令部）の命令で廃止されましたが、貸座敷は「特殊飲食店」として政府に売春を黙認されます。このため、少女を含む人身売買事件が後を絶ちませんでした。

こうした状況に対し、戦後に初めて誕生した女性議員たちが中心となり、1956（昭和31）年、**「売春防止法」**が成立しました。これにより、女性に売春をさせた業者を処罰し、買われた女性を保護することが定められます。しかし、売春防止法では、「女性を買った男性」は処罰されず、性交類似行為（口淫・手淫など）も規制されていません。また、風俗営業法によって「性風俗関連特殊営業」が認められているため、ソープランドなどの性的サービスが公然と営業され、現代においても性風俗産業は衰える気配がありません。

性風俗産業で性的サービスを提供するセックスワーカーは、現在、約30万人とも推定されていますが、正確な統計がないので実態はわかりません。

性風俗産業を職業に選んだ理由は人それぞれですが、経済的な困窮や、借金の返済といった理由だけではなく、家族から排除されたり、安定した仕事に就けなかったりなど、複数の要因が複雑にからんでいる場合が多いといます。また、性感染症にかかったり、密室でサービスを行うために暴力被害を受けるリスクもあります。詐欺的な手段によって風俗店でやむなく働かされている女性もいます。しかし、セックスワーカーと業者との関係の多くが、従業員と店が結ぶ「雇用契約」ではなく、個人事業主が店と結ぶ「業務委託契約」の扱いであるため、労災保険も適用されません。「セックスワーカーの権利を守る」という意識が希薄な業者も多く、**セックスワーカー自身が業者に労働者としての権利を求めるというのは難しいのが現状です。**

また、**日本で買春経験のある男性の割合は、諸外国と比べて極めて高い**ことがわかっています。海外に出向いて買春をする男性も少なくありません。これは、戦前に買春が大衆化したことで、買春に抵抗がないという意識が社会に今なお残っていたり、男性が買春をしても罰せられないことなどが影響していると思われます。日本でポルノコンテンツが充実していることも、「買春の大衆化」と無縁ではありません。

このように、日本では多くの男性が性産業を利用しているのにもかかわらず、性的サービスを提供するセックスワーカーの女性たちの置かれている厳しい現状に対してはあまり関心がもたれていません。「セックスワークを選んだのは『自由意志』によるもの」という、明治時代から続く偏見や差別意識も残されています。

また一方で、近年では、セックスワークは性的サービスを提供する「職業」であり、職業として尊重されるべきという考え方も世界で広がっています。日本でもセックスワーカ

過去1年間に買春を経験した男性

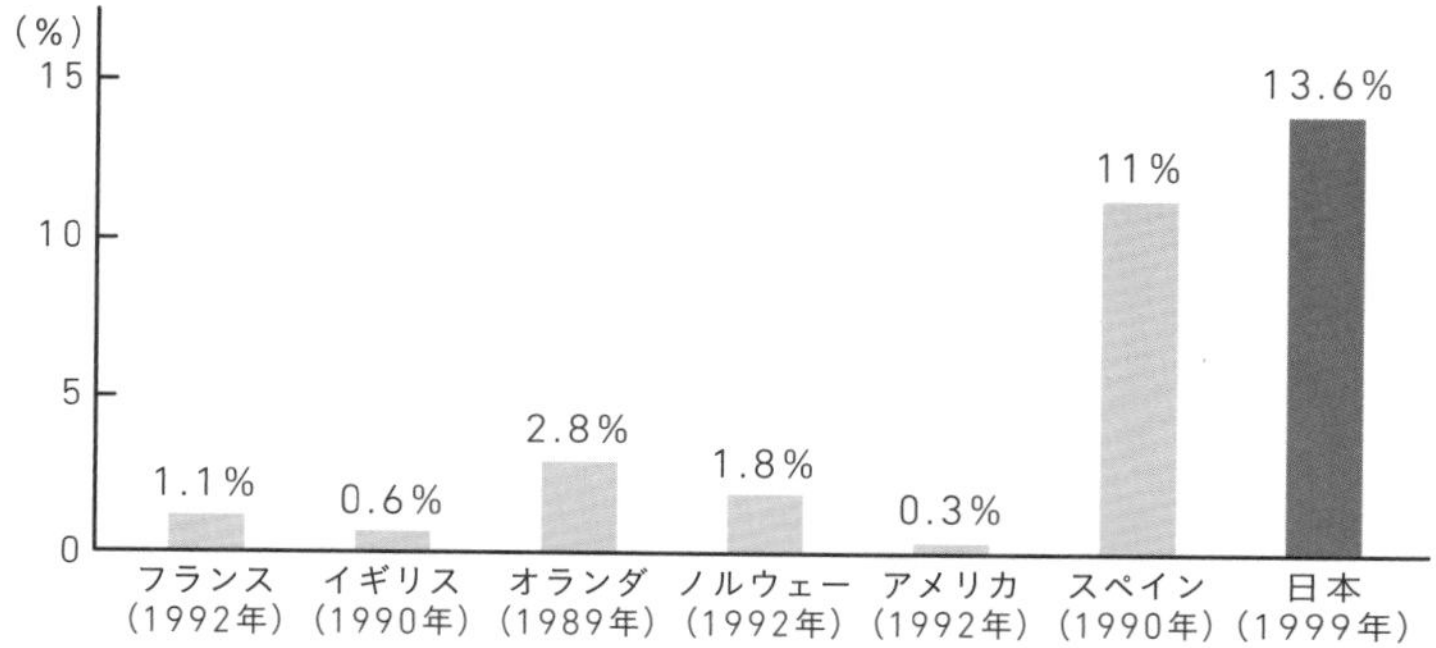

※対象者は18～49歳の男性。
出典：『ジェンダー分析で学ぶ女性史入門』総合女性史学会編（岩波書店）

ーへの差別や偏見をなくし、彼女たちの権利や安全、健康を守るためにも、セックスワーカーの置かれている状況を改善していくべきでしょう。

Chapter 11

文学

literature

世界の古代・中世に女性文学者は
ほぼ存在しませんが、
日本では額田王や紫式部など
数多くの女性文学者が優れた作品を残してきました。
日本の女性文学者たちの活躍を
紐解いてみましょう。

現代の「文学」にまつわる声

日本の女性文学者たちは、男女差が激しい時代も
その才能で活躍してきました。
多くの女性作家が活躍する、
現代の声を聞いてみましょう。

和歌に詠まれた恋愛と
現代の恋愛って同じなのかも

生きづらさや
言葉にならない思いを
代弁してくれる
本に出会って救われた

日本は
女性文学が昔から盛んな
めずらしい国
なんだって!

世界の人々を魅了する日本の女性文学作品

現在、書店には女性作家による文学作品が数多く並んでいます。有名な文学賞として知られる芥川賞・直木賞の女性受賞者は、戦前ではそれぞれ2人（男性19人）と1人（男性14人）しかいませんでしたが、戦後に増え続け、近年の男女比率はおおよそ半々になっています。現在の日本では、女性作家の作品はごく当たり前に評価されています。

海外で権威のある文学賞を受賞する日本の女性作家も相次いでいます。彼女たちの作品には、**生きづらい社会がリアルに描き出されているため、性別や人種などが生み出す閉塞感に息苦しさを感じる世界中の人の共感を呼んでいるといわれます。**

また、現代作品だけでなく、1000年以上前に書かれた『源氏物語』は、世界最古の長編小説ともいわれ、30以上の言語に翻訳され、世界中で愛読されています。日本は世界でも珍しく、古代から現在に至るまで女性文学者が活躍してきた国なのです。

日本の女性文学にはどのような歴史があり、どのような魅力があるのでしょうか？

古代の男女の恋愛は歌を詠み交わして始まる

現存する日本最古の書物は、奈良時代初期に成立した『古事記』です。『古事記』には、須佐之男《スサノオ》（天照大御神《アマテラスオオミカミ》の弟）が妻のために詠んだ歌がのせられています。

八雲立《やくもた》つ　出雲八重垣《いずもやえがき》　妻《つま》ごみに

八重垣《やえがき》つくる　その八重垣《やえがき》を

（幾重にも雲が立ち上る出雲の地で、妻との新居のために垣根を幾重にもつくろう）

　これは日本最初の和歌とされますが、神話に登場する歌であることから、実際は新婚夫婦の住居をほめたたえるために、古くから詠まれてきた歌だと考えられています。

　奈良時代後期に完成した日本最古の和歌集である『万葉集』に収められている最古の歌は、磐姫《いわひめ》皇后が夫の仁徳《にんとく》天皇を思って詠んだ歌です。

君《きみ》が行《ゆ》き　日《け》長くなりぬ　山尋《やまたづ》ね
迎《むか》へか行かむ　待《ま》ちにか待たむ

（あなたが旅に出て日数が長くなった。山路を迎えに行こうか、それとも待っていようか）

　ただ、仁徳天皇が伝説的な人物であることなどから、この歌も古くから伝承されてきた恋歌が神話に組み込まれたものだと考えられています。

　日本では古代より「歌垣《うたがき》」（↓P184）と呼ばれる婚活パーティーのような宴会が各地で開かれていました。歌垣では、求婚の歌を詠み交わすことでカップルが成立します。『万葉集』や※『風土記』に残る男性の歌の内容は「花の命は短い」「求婚を拒む女性は不幸になる」など、冗談を交えたユーモアに満ちたものが多く、歌垣が明るい雰囲気だったことが伝わります。『万葉集』には、歌垣で男性から名を問われた女性が、それを断った歌が収められています。当時、女性が男性に自分の名を教えることは求愛に応じること意味しました。

※「奈良時代に国別に編纂された地誌。各地の伝承が記載されている。

たらちねの　母が呼ぶ名を　申《もお》さめど
路《みち》行く人を　誰《た》れと知りてか
(母が私を呼ぶ名を教えたいけれど、通りすがりの誰とも知らないあなたに、教えるわけにはいきません)

また、『古事記』の沼河比売《ヌナカワヒメ》(↓P31)の伝承歌が示すように、女性が男性に対して性愛をストレートに伝える歌を詠むこともありました。この時代の歌には、集団的・歌謡的・直截的といった特徴があるといえます。

天皇に仕える女性たちが『万葉集』に名歌を残す

飛鳥時代から奈良時代にかけて、日本では女性天皇が相次いで即位しました(↓P166)。この時代の女性皇族や女官の多くは、男性官人とともに天皇を補佐する官僚として働いていました。夫がいる女官も多く、恋愛も自由だったので、**『万葉集』には女性皇族や女官の恋愛歌が数多く収められています。**

『万葉集』の代表ともいえる女性歌人が、皇族出身の額田王《ぬかたのおおきみ》です。次の歌は、天智《てんじ》天皇の后だった額田王が、前の夫の大海人皇子《おおあまのみこ》(後の天武天皇)から袖を振って求愛される場面を詠んだものです。

あかねさす　紫野《むらさきの》行《ゆ》き　標野《しめの》行き
野守《のもり》は見ずや　君《きみ》が袖振《そでふ》る
(紫草を栽培している御料地の野を行きながら、そんなことをなさって。番人が見ているのではないでしょうか、あなたが袖を振るのを)

この歌は、三角関係を想定する恋歌ですが、本心を歌ったものではなく、宴席での座興の歌だったと考えられています。いずれにしても、**額田王の歌からは当時の宮廷が女性に開かれた空間であったことが伝わってきます。**

額田王は、白村江《はくすきのえ》の戦い（↓P135）のために斉明《さいめい》天皇が九州に遠征した際にも同行しました。その途中、兵士たちを鼓舞するように斉明天皇に命じられて、次の歌を詠んだことでも知られています。

※熟田津《にきたづ》に　船《ふな》乗りせむと　月待てば
潮《しお》もかなひぬ　今は漕《こ》ぎ出《い》でな

（熟田津で船に乗ろうと月を待っていると、潮が満ちてきた。さあ、今こそ漕ぎ出そう）

また、女性歌人として『万葉集』に最も多くの歌を残し、全体でも第3位の歌数（84首）を誇る**大伴坂上郎女**《おおとものさかのうえのいらつめ》は、兄の大伴旅人《おおとものたびと》の死後、大伴氏の家刀自《いえとじ》（女性の家長）として、大伴一族を取りしきりました。坂上郎女は、ようやく会えた男性に対して**「愛《うるわ》しき言《こと》尽《つ》くしてよ」**（愛の言葉をかけてください）と訴えるなど、情熱的な恋歌を多く詠んだことで知られる人物です。その一方で、一族の土地の管理や、大伴氏の氏神の祭祀などをテーマにした歌も残しています。次の歌は、坂上郎女が大伴一族を招いた宴席で詠んだもので、おおらかで思い切りのよい性格がよく伝わります。

酒坏《さかづき》に　梅の花浮け　思ふどち
飲みての後《のち》は　散りぬともよし

※愛媛県松山市の道後温泉付近にあった港。

（盃《さかずき》に梅の花を浮かべて親しいどうしが酒を飲んだ後は、花は散ってしまってもかまいません）

額田王や坂上郎女だけでなく、『万葉集』には女性歌人の歌が多く含まれます。歌のテーマは幅が広く、躍動感あふれる表現が見られます。**古代日本では、政治や社会で活躍した女性たちが、多くの文学的傑作を生み出していたのです。**

平安時代に女性用の平仮名が和歌に使われる

奈良時代に、父系制を基本原理とする※律《りつ》令《りょう》制《せい》が整っていくと、政権の中枢を男性官僚が担うようになり、漢文の習得が必須になります。この影響で、**貴族女性や女官たちも漢字を習得し、中国の古典や漢詩などに親しむようになっていきました。**

しかし平安時代になると、**女性は漢字ではなく平仮名を学ぶべきとされ、平仮名は「女《おんな》手《で》」と呼ばれました。**平仮名は日本人独特の感性・感情を細やかに表現できるため、和歌に用いられるようになり、**『古今《こきん》和歌集』をはじめとする21集ある※勅撰《ちょくせん》和歌集はすべて平仮名の和歌集として編纂《へんさん》されました。**

平安時代前期の代表的な6人の歌人「六歌《ろっか》仙《せん》」のうち、唯一の女性が**小野小町《おののこまち》**です。『古今和歌集』の序文で、小町は「あはれなるやうにて強からず（しみじみとして風情があるが、力強くはない）」「強からぬは女の歌なればなるべし（力強くないのは女の歌であるからだろう）」と評されています。次の歌は、小町の代表作として知られています。

※律（刑法）と令（行政法）による政治制度で、飛鳥時代に中国から導入された。
※天皇や上皇の命によって編纂された公的な和歌集。『古今和歌集』（905年成立）から『新続古今和歌集』（1439年成立）まで21集ある。

花の色は　うつりにけりな　いたづらに
我身世《わがみよ》にふる　ながめせしまに
（花の色はすっかり色あせてしまったなあ。春の長雨が降って、私が世の中や恋について物思いにふけっている間に）

長雨の降る間に花の色があせたことと、物思い（眺め）をしている間に時間が過ぎ（経《ふ》る）て、容姿が色あせてしまったことを見事に重ねています。

『万葉集』では基本的に現在の感情を歌に詠んでいましたが、『古今和歌集』では、過去と現在を重ねるような歌が多く詠まれるようになります。また、都を出て歌を詠むことはほとんどなくなり、実際には行ったことのない名所を歌に詠むようになります。**歌の題材は花（桜）や月などが定番となり、それらに恋心を託した歌が多く詠まれました。**額田王のように女性が兵士を励ますような歌は、平安時代には見られなくなるのです。

平安時代は貴族女性が リアルな宮廷生活を描いた

平安時代の中頃の結婚スタイルは、夫が妻のもとに通う「通《かよ》い婚《こん》」で、生活の場を妻方に置く「婿入婚《むこいりこん》」（→P34）が主流でした。また、貴族男性は正妻のほかに複数の妻妾《さいしょう》をもつ「一夫一妻多妾《いっぷいっさいたしょう》」が一般的でした。

こうした状況で、**妻妾として生きる苦しみを日記として描いたのが『蜻蛉《かげろう》日記』で、日本最初の私小説と評されています。**作者の本名は不明で、藤原道綱母《ふじわらのみちつなのはは》と呼ばれる女性です。夫の藤原兼家《ふじわらのかねいえ》は、後に摂政・関白・太政大臣を歴任するほどの権力者で、新しい妻妾を次々とつくります。道綱母は、自分の苦しみを理解しない夫に対して、次のような歌を詠みました。

なげきつつ　ひとり寝《ね》る夜《よ》の　あくるまは
いかに久しき　ものとかは知る
（あなたが来ないと嘆きながら、ひとりで寝る夜が明けるまでの間が、どれだけ久しいものか、あなたは知らないでしょうね）

平安時代の宮廷では、漢文の素養を備えた中流貴族の娘たちが、天皇の妃などに女房（侍女）として仕えました。女房たちは、妃の家庭教師などをしながら、自らの経験や考えを、平仮名を駆使して物語や随筆、日記などに記すようになります。

和泉式部《いずみしきぶ》は、ふたりの親王（天皇の子）との恋愛を物語風に記した『和泉式部日記』を残し、**清少納言《せいしょうなごん》**は宮廷生活を随筆**『枕草子《まくらのそうし》』**にまとめました。そして**紫式部《むらさきしきぶ》が長編小説『源氏物語』を書き上げます。**『源氏物語』は主人公・光源氏の恋愛を軸にしながらも、当時の宮廷文化や皇位継承をめぐる権力争いがリアルに描かれていて、日本の古典文学の最高峰とされます。紫式部は藤原道長《ふじわらのみちなが》の娘・彰子《しょうし》（↓Ｐ170）に仕えていたので、**権力の中枢で起きるできごとを間近で見聞きしていたのです。**

『源氏物語』の世界にあこがれた藤原孝標《ふじわらのたかすえの》女《むすめ》が記した**『更級日記《さらしなにっき》』**は、13歳の彼女が父の任地・上総《かずさ》（現在の千葉県）から帰京する旅で始まり、以後40年に及ぶ半生を回顧した記録で、当時の中流貴族女性の生活が克明に描かれています。また、正史（公的な歴史書）

は男性が漢文で記しましたが、宮廷の女房たちは、平仮名で歴史を「物語」として記した『**栄花**《えいが》**物語**』を創作しました。

しかし平安時代末期に、上皇が政治の実権を握る「院政《いんせい》」(↓P170)が始まり、男系男子に皇位が継承されていくようになると、天皇の妃に仕える女房たちも権力の中枢から遠ざかっていきました。ただ、そうしたなかでも、**建礼門院**《けんれいもんいん》**右**《う》**京**《きょう》**大夫**《のだいぶ》は、情感あふれる歌を数多く残します。彼女は建礼門院《けんれいもんいん》(高倉《たかくら》天皇の妃)に仕えた女房で、その恋人は平《たいらの》資盛《すけもり》(平清盛《たいらのきよもり》の孫)でしたが、源平の争乱で資盛が亡くなると、優雅だった宮中での暮らしは一変し、落ちぶれます。そんなとき、夜空を見上げて次のような歌を詠みました。

月をこそ　ながめなれしか　星の夜の
深きあはれを　こよひ知りぬる

(月をしみじみと眺めることは慣れていたけれど、星の夜の深く趣深いことは、今夜初めて知ったことだ)

月を和歌に詠むことは宮廷文化の伝統でしたが、星が歌に詠まれることは皆無でした。**建礼門院右京大夫は、宮中という閉ざされた世界を出たことで、星の輝く夜空の美しさに気づくことができたのです。**この歌は、「自然をありのままに見る」ことの難しさを私たちに教えてくれます。

鎌倉時代の女性は紀行文を残した

鎌倉時代に武士の世が始まり、貴族が没落していくと、貴族女性による宮廷文学も衰退していきます。また結婚の際、妻が夫の家に入って夫婦生活を送る「嫁入婚《よめいりこん》」（↓Ｐ34）が定着したため男性中心の社会となっていきます。こうした影響によって女性文学は勢いを失っていきますが、優れた紀行文を記した女性もいました。

鎌倉時代の女性が残した紀行文の代表が、阿仏尼《あぶつに》の『**十六夜日記**《いざよいにっき》』です。これは、下級貴族出身の阿仏尼が、所領相続をめぐる裁判のために京都から鎌倉まで旅をしたときの旅日記で、道中の見聞や体験をくわしく書くなど、平安時代の日記文学とは違った特徴があります。

後深草《ごふかくさ》上皇から愛された後深草院二条《ごふかくさいんにじょう》の日記『**とはずがたり**』の前半には、彼女が上皇だけでなく、複数の男性と恋人関係になり、4人の子を産んだことが記されていますが、日記の後半には宮廷を追われて出家し、諸国を放浪したときの体験が記されています。

女性俳人・女性歌人が活躍した江戸時代

室町時代から戦国時代にかけて、各地で戦乱が続いて文学自体が衰退していくなかで、女性文学も影をひそめます。

江戸時代には、女性に学問は不要という考え方が広まりましたが、自ら教養をつけた武家や庶民の女性たちが文学作品を残しました。江戸時代に最初の女性の個人句集を刊行したのは、加賀千代女《かがのちよじょ》（↓Ｐ１２４）でした。次の句は千代女の代表作です。

朝顔《あさがお》や　つるべ取られて　もらひ水

（朝顔の蔓《つる》が井戸の釣瓶《つるべ》に巻きついているので、

蔓を引きちぎることができず、隣の家に水をもらいに行った）

江戸時代には、千代女以外にも松尾芭蕉《まつおばしょう》の女弟子・斯波園女《しばそのめ》など、数多くの女性俳人・女性歌人が活躍しました。

このほか、男性中心の社会を批判した女性文筆家もいました。仙台藩（現在の宮城県）藩医の娘として生まれた**只野真葛《ただのまくず》**は、自らの意思に反して結婚させられたことに不満をもちます。家長である男性に女性が従わなくてはならない社会に疑問を抱いた真葛は、それを『**独考《ひとりかんがえ》**』に記しました。このなかで真葛は、ロシアでは女性も多くの男性の中から「心のあいし人《ひと》」を夫として選ぶことができるので羨《うらや》ましいと記し、女性に苦難を強いる当時の儒教を厳しく批判しています。

明治時代の女性文学者が「小説」で自己を表現する

明治時代になると、明治政府は男子も女子も平等に教育を受けるべきという理念のもと、1872（明治5）年に「※学制《がくせい》」を公布しました。江戸時代以前、女性たちが残したおもな文学作品は和歌や俳句、物語、日記、随筆、漢詩などでしたが、**明治時代に近代的な教育機会を得た女性たちは「小説」という文学形式で自分を表現するようになります。**女性最初の近代小説は、1888（明治21）年、東京高等女学校（現在のお茶の水女子大学）在学中の三宅花圃《みやけかほ》が刊行した『藪《やぶ》の鶯《うぐいす》』で、その内容は都会の女学生の生活を描き、軽薄な欧化主義を批判するものでした。

花圃の登場によって、若い女性たちが小説

※日本最初の近代的学校制度。全国を大学・中学・小学の3段階の学区に編成し、全国民が学校教育を受けられることを目指した。

家を目指すようになっていきます。そのひとりが、近代日本で最初の女性職業作家となった**樋口一葉**《ひぐちいちよう》でした。一葉の代表作『たけくらべ』や『にごりえ』は、娼婦として生きるしかない貧しい女性たちの悲哀をリアルに描き出しています。

1901（明治34）年に**与謝野晶子**《よさのあきこ》が発表した歌集『みだれ髪』は、女性自身が自己の肉体を賛美した官能的な恋愛歌が収められています。

やは肌《はだ》の　あつき血汐《ちしお》に　ふれも見で
さびしからずや　道を説く君
（熱い血の通う私の柔らかい肌に触れもしないで、さびしくないのですか。人生を語るあなた）

男性を誘惑するような晶子の歌は、女性は奥ゆかしくあるべきだと考える人々から批判されますが、晶子は自分の率直な気持ちを歌に詠み続けました。日露戦争に出兵した弟を気づかって、戦争に反対する気持ちを表明した詩「君死にたまふことなかれ」も、多くの批判を受けましたが、晶子は真実の心を歌にして詠んだだけだと主張し、信念を曲げることはありませんでした。

明治時代後半になると、家庭内で家事や子育てを担当する「主婦」が増加し、「良妻賢母」（夫にとって良き妻・子どもにとって賢い母）が女性の理想とされていきます。1911（明治44）年、**平塚らいてふ**《ちょう》（↓P175）は女性文芸誌『青鞜《せいとう》』を創刊し、良妻賢母的な女性の生き方を否定し、新しい女性の生き方を追求しました。

1915（大正4）年から『青鞜』の編集

を引き継いだ**伊藤野枝**《いとうのえ》は、当時タブー視されていた堕胎・貞操・公娼（↓P194）などの女性問題を取り上げ、議論を巻き起こします。野枝は夫と子を捨てて無政府主義者の大《おお》杉栄《すぎさかえ》と同棲するなど奔放に生きたため批判

女性初の近代小説『藪の鶯』を書いた三宅花圃は、1920（大正9）年、夫の三宅雪嶺《せつれい》とともに雑誌『女性日本人』を創刊し、女性問題について多くの評論を発表しました。

出典：国立国会図書館「近代日本人の肖像」

1923年の関東大震災の際、当時28歳だった伊藤野枝は夫の大杉栄とともに、憲兵大尉・甘粕正彦《あまかすまさひこ》によって虐殺されました。野枝の遺体は全裸で井戸に投げ込まれ、肋骨や胸骨が何本も折れていたそうです。

出典：Library of Congress

与謝野晶子は、女性問題に関しても積極的に発言を続けました。晶子は経済的に自立していない女性は子どもを産むべきでないと主張し、これに対し平塚らいてふは、妊娠・出産・育児期にある女性は国家によって保護されるべきと訴え、議論となりました（母性保護論争）。

出典：国立国会図書館「近代日本人の肖像」

を受けましたが、**女性問題をテーマにした評論や小説を書き続け、女性が自由に生きることの大切さを訴えました。**野枝は「娘達は男の妻として準備される教育」から解放されるべきで、「少年少女の間にある性別の意識の伴わないフレンドシップ」を育てることが重要だと説いています。

昭和初期の女性作家は女性問題を社会的に捉える

昭和時代初期の女性文学作品の女性主人公は、女性の社会進出が進んだ影響によって、職業婦人（→P21）が多く登場します。

林芙美子《はやしふみこ》は、貧困に苦しみながらも、※女給などをしながら明るくしたたかに生き抜いた放浪生活を自伝的小説『放浪記』にまとめました。※プロレタリア文学の女性作家だった**宮本百合子**《みやもとゆりこ》や**平林たい子**《ひらばやしたいこ》の小説には電話交換手やタイピスト、店員、保母などの職業婦人が登場します。この時期に活躍した女性文学者は貧困・没落家庭の出身者が多く、**女性問題を社会との関連において考察していることが特徴です。**

佐多稲子《さたいねこ》の小説『くれない』には、仕事をもつ妻の困難が表現されています。この小説に登場するのは、ともに作家として活動している夫婦です。妻の方が夫よりも才能があり、社会的に評価され、家計も支えています。夫を愛する妻は、夫の仕事の手助けを十分にできないことに負い目を感じ、夫の方は妻に劣等感を抱き、遠慮をしています。そんなとき、妻は夫に不倫され、愛されていないことに苦悩し、「何のために自分は成長をなど希《のぞ》むのだろう」と絶望します。稲子は、※**夫唱婦**《ふしょうふ》

※カフェやバーで給仕・接待をする女性。
※労働者階級の自覚と要求に基づいて、その思想や感情を描いた文学。
※夫が言い出して、妻がそれに従うこと。

随《ずい》を美徳とする社会では、妻が仕事で成功することによって夫婦関係に亀裂が入る恐れがあるという現実を描き出したのです。

『放浪記』は、林芙美子が職業を転々としながらも、強い意志と行動力をもって生きた日々を日記体で書いた自伝的小説で、ベストセラーになりました。「カフェーに勤めるようになると、男に抱いていたイリュージョンが夢のように消えてしまって、皆《みな》一山いくらに品が下がってみえる」など、痛快な文体が魅力です。

出典：国立国会図書館「近代日本人の肖像」

昭和時代初期には、日本的な母性を強調する文学も誕生しました。その代表的な作家である**壷井栄《つぼいさかえ》**は、故郷の小豆島（香川県）を舞台に女性や子どもたちを主人公にした児童文学を数多く執筆しました。戦後に発表された『二十四の瞳』は、第二次世界大戦を背景に、女教師と12人の教え子たちとの心温まる交流が描かれています。

戦後の女性作家たちは新しい感覚で女性を描く

1930年代から日本が本格的に戦争に突入していくと、プロレタリア文学の作家は反体制的な言論を禁じられ、反戦的な立場をとった宮本百合子や平林たい子らは厳しい弾圧を受けました。

1942（昭和17）年には日本文学報国会

が設立され、数多くの文学者が半強制的に会員にさせられ、戦争遂行のために協力することを求められました。林芙美子や佐多稲子も、戦地を訪問して戦意高揚のための記事や小説を書きました。第二次世界大戦末期まで、戦争協力以外の目的で書かれた文学作品はほとんど見られなくなりました。

敗戦後、ＧＨＱ（連合国軍総司令部）によって女性の解放や民主化などの改革が指示され、**日本国憲法が発布されると、出版・言論の自由が保障され、戦後文学が誕生しました。**戦前から活動していた女性作家が新しい作品を発表する一方、幸田文《こうだあや》、瀬戸内晴美《せとうちはるみ》（寂聴《じゃくちょう》）、河野多恵子《こうのたえこ》、大庭《おおば》みな子《こ》、田辺聖子《たなべせいこ》、有吉佐和子《ありよしさわこ》などの女性作家たちが、新しい感覚で女性の生き方を描きました。

その後も現在に至るまで、多くの女性作家たちが多様な作品を発表し、文学の新しい可能性を切り開いています。

Chapter 12

芸術

art

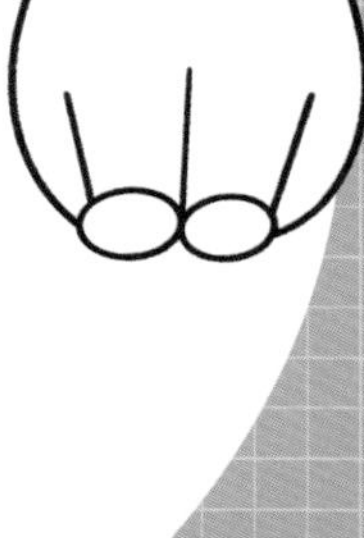

性や性差がテーマとして
表現されることが多い芸術の世界。
女性と芸術は
どのような関係であったのか、
歴史とともに振り返りましょう。

現代の「芸術」にまつわる声

古代から芸術界は男性優位で、
女性は作品のモデルという構造でした。
歴史を振り返る前に、現代の声を聞いてみましょう。

日本は女性芸術家が少ないの？

女性の描かれ方に
時代の価値観が
映し出されているって
聞いたことがある

美術史に名を残した女性アーティストは少ない

現在、世界中で数多くの女性の芸術家（アーティスト）が活躍しています。

しかし、**美術史に名を残した女性芸術家はほとんどいません。**1971年、アメリカの美術史家リンダ・ノックリンは、「なぜ偉大な女性芸術家はいなかったのか」という論文を発表し、芸術の分野では男性の視点が無意識に優先され、女性芸術家の作品は正当に評価されてこなかったと主張しました。**教科書にのっているような芸術家のほとんどは男性で、女性は彼らの作品の「モデル」になっているのです。**

日本美術史を見ても、女性芸術家の数は男性と比べて極端に少ない一方、女性をモデルにした作品は数多く存在します。日本の女性芸術家たちはどのような作品を創造し、女性たちはどのように描かれてきたのでしょう。

土偶は女性像で埴輪も女性像がある

縄文時代につくられた土偶（↓P59）の多くは、乳房や下腹部がふくらみ、妊娠線と見られる文様がほどこされていることなどから、女性像と考えられています。土偶がつくられた目的は不明ですが、祭祀や呪術に使われたと考えられます。土偶をつくったのは男性なのか女性なのか、わかっていません。

古墳時代の埴輪には、女性像があります。埴輪は古墳の上や周囲に並べられる焼き物で、死者を埋葬する儀式のためにつくられたと考えられています。男性の埴輪は、首長や武人、力士、馬を引く人など、さまざまなタイプが見られますが、**女性の埴輪は、頭頂部を結い上げ、首飾りや耳飾りをつけて正座している姿がほとんどです。**このため、女性の埴輪は

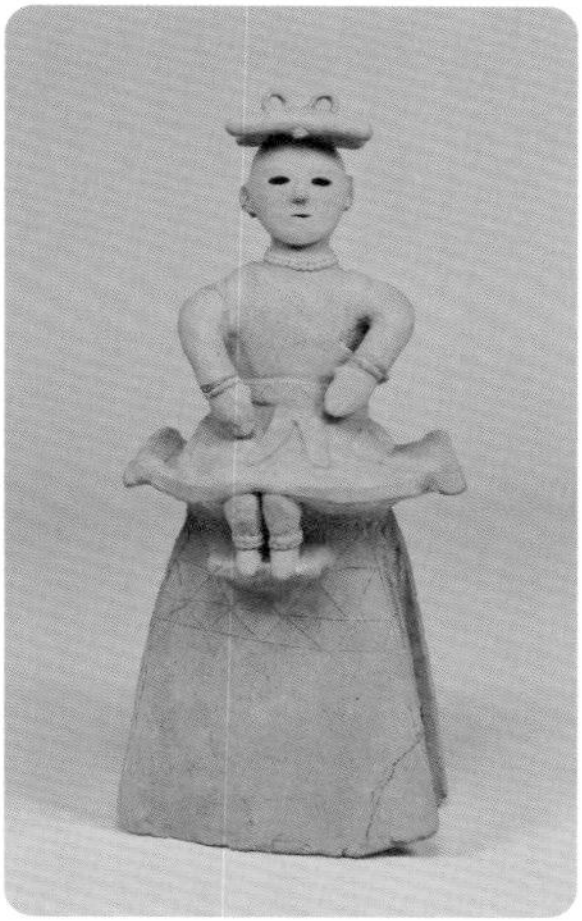

椅子に座る女性の埴輪で、長い髪を束ねて大きな髷《まげ》をつくり、首飾りやアンクレットをつけています。身分の高い巫女のような女性と考えられています。

出典：ColBase「埴輪 腰かける巫女」東京国立博物館所蔵

巫女のような存在だったと考えられていますが、確かな根拠はありません。

埴輪製作に女性が携わったかどうかは不明ですが、※土師器《はじき》と呼ばれる土器は、古文書の記述によって、女性がつくっていたことがわかっているので、埴輪製作に関わった女性がいたかもしれません。

奈良時代の美人は
丸顔・細い目・二重顎

奈良時代の美人画として有名なのが、東大寺正倉院（奈良県）に納められている「鳥《とり》毛立女屏風《げりつじょのびょうぶ》」と、薬師寺（奈良県）所蔵の「吉祥天像《きちじょうてんぞう》」です。ここに描かれている女性は、**豊満な体つきで、丸顔・切れ長の目・濃い眉・二重の顎《あご》・真紅の小さな唇といった共通点があります。**これらは唐《とう》（中国の王朝）に

※弥生土器の流れを汲む素焼きの土器で、古墳時代から平安時代にかけて製作された。

おける理想の美人の特徴で、それが日本に伝わったものだと考えられています。また、**女性たちはゆったりとした衣服を着ていて、体のラインは見えません。**この特徴は、女神像

仏教を守護する女神・吉祥天を描いたもので、光明皇后（聖武天皇の皇后）がモデルと伝えられています。

出典：ColBase「吉祥天像（模写）」（部分）東京国立博物館所蔵

や女性像を裸体で表現した古代ギリシア・ローマ文化と大きく違っています。

平安時代に引目鉤鼻が理想の美人の顔になる

平安時代には、「源氏物語絵巻」に代表される絵巻物が描かれます。そこに登場する女性像は、奈良時代よりもさらに様式化が進みました。**宮廷の女性たちは長い黒髪と、下ぶくれの顔の輪郭に細い線で示した目と鉤型（くの字型）の鼻をもつ「引目鉤鼻《ひきめかぎばな》」で描かれるようになり、ほとんど表情がなくなります。**この引目鉤鼻が、貴族にとっての美の理想だったのです。また、体は十二単《じゅうにひとえ》（↓P149）で包まれ、体のラインは見えなくなります。「美人」を描くとき、顔の造作ではなく衣服を細かく描くことは、その後の美人画の特徴

となっていきます。

その一方、庶民や武士は目鼻立ちが誇張され、表情豊かに描かれました。絵巻物の注文主である貴族は庶民や武士を見下げていたので、醜く描かれたのです。

また、平安時代中期には男女の恋愛をテーマにした「女絵」が、女性の手によって描かれたといいます。しかし、女絵は現存していないので、どのような絵であったのかは不明です。**当時、宮中の職業絵師は男性だけだったので**、女絵を描く女性がいたとしても、それは職業絵師としてではなく、趣味の範囲内だったと思われます。

鎌倉時代から室町時代の絵巻物や屏風絵には、働いたり踊ったりする庶民の女性が描かれていますが、顔や表情には大きな変化がなく、個性を表現するような絵ではありませんでした。

「家業」で実力を発揮した江戸時代の女性絵師たち

古代から戦国時代まで、絵を描く女性は日

『源氏物語』を絵画化した「源氏物語絵巻」で匂宮《におうみや》が中《なか》の君《きみ》に琵琶を弾く場面。この絵巻に登場する皇族や貴族は、女性だけでなく男性も引目鉤鼻で描かれています。女性が引目鉤鼻で描かれた理由は諸説ありますが、当時の女性は基本的に他人に顔を見せなかったことや、顔に表情が出ると化粧の白粉《おしろい》が崩れやすかったことが影響していると考えられます。

出典：ColBase「隆能／源氏物語」（部分）東京国立博物館所蔵

本にもいたと思われますが、絵師として活躍し、美術史に名を残した女性はいません。

しかし、安土桃山時代から江戸時代初期に戦乱が治まり、世の中が安定してくると、女性絵師が現れるようになります。そのひとりが**小野《おのの》お通《つう》**です。お通は書画や和歌、管弦など、さまざまな芸術分野で才能を発揮した女性です。

江戸時代には、お通のように優れた作品を残す女性絵師も少数ながら存在しました。※狩野派絵師・久隅守景《くすみもりかげ》の娘だった**清原雪信《きよはらゆきのぶ》**や、※南画（人文画）家・池大雅《いけのたいが》の妻だった**池玉瀾《いけのぎょくらん》**、浮世絵師・葛飾北斎《かつしかほくさい》の娘だった**葛飾応為《かつしかおうい》**などが女性絵師として知られています。**彼女たちは、父や夫が絵師であるといった条件のもと、修練を積んで家業に加わることを許された女性絵師でした。**当時、女性が才能だけで絵師として身を立てることは、ほぼ不可能だったのです。

男性に見られるために存在した浮世絵の女性たち

江戸時代、女性像はどのように描かれたの

葛飾応為の作品で、女性が杵《きね》を振り下ろす場面です。袖口から見える赤い下着の縮れたような表現は、父・北斎から学んだ技法です。

出典：ColBase「月下砧打美人図」（部分）東京国立博物館所蔵

※日本画を代表する流派で、幕府の御用絵師として画壇で中心勢力を維持した。

※南宗画の略称詩文・書画をたしなむ文人が好んで描いた水墨（または淡い色調）による絵画。

でしょうか。江戸時代の初期に浮世絵と呼ばれる風俗画が成立します。「浮世」とは「現実」という意味で、極楽などの死後の世界ではなく、庶民の生活が描かれました。おもな題材は女性や歌舞伎役者で、19世紀に風景画が加わりました。このほか、性風俗を描いた春画も盛んに描かれました。

浮世絵には、肉筆画と木版画の2種類がありましたが、庶民が購入できるのは量産された木版画でした。初期の浮世絵版画は墨一色で刷られたものでしたが、18世紀中頃に鈴木《すずき》春信《はるのぶ》が多色刷りの「錦絵《にしきえ》」を完成させます。**春信が描く女性の顔は、目や眉が細く、鼻筋が通り、口は小さいのが特徴で、平安時代の「引目鉤鼻」の伝統を引き継いでいます。**また体は華奢で、手は特に小さく描かれます。

18世紀後半に活躍した喜多川歌麿《きたがわうたまろ》は、数多くの美人画を描いたことで知られています。歌麿が描く女性たちの顔は、春信と同じように描かれ、女性の個性はほとんど表現されません。現在知られている歌麿の作品約１９００点のうち５５０点が、新吉原遊廓（→Ｐ１９０）を題材にしているとされます。**浮世絵の美人画は、男性が女性を性的な対象として楽しむためのものだったのです。**西洋絵画の女性像は、レオナルド・ダ・ヴィンチの「モナ・リザ」のように鑑賞者と視線が合うものが多くありますが、浮世絵の女性たちは、歌麿の作品に限らず、鑑賞者を見つめ返すことはありません。**彼女たちは男性に見られるために存在したのです。**

明治時代の女性洋画家は評価されにくかった

明治時代になっても、芸術分野では男性優位の状況が続きました。芸術分野でも西洋化を進めたい明治政府は、1887（明治20）年、日本初の官立美術学校として東京美術学校（現在の東京藝術大学美術学部）を創立しましたが、**入学できるのは基本的に男子だけでした。**

18世紀後半に江戸で美人として有名だった3人を歌麿が描いた作品です。歌麿は、女性たちの上半身をクローズアップして描き、鑑賞者の視線が女性の顔に向くように工夫しています。背景が描かれていないのは、女性たちを際立たせるためです。

出典：ColBase「江戸三美人・富本豊雛、難波屋おきた、高しまおひさ」東京国立博物館所蔵

女学生が学べる日本最初の美術学校は、1900（明治33）年に創立された私立女子美術学校（現在の女子美術大学）でした。

明治時代の初期、日本人の西洋画家が描いた女性像は、黒田清輝《くろだせいき》の作品に見られるように、裕福な家庭の女性が読書したり、編み物や針仕事をしている姿でした。庶民の女性が描かれることは、ありませんでした。

また、清輝は西洋絵画で重視される裸婦像を描きましたが、**当時の日本では裸婦像は芸術として認識されていなかったため、風紀を乱すものとして批判されました。**

日本最初の女性洋画家とされるラグーザ玉

は、日本の※工部美術学校で教師をしていたイタリア人彫刻家と結婚してヨーロッパに渡り、現地で画家として活動しました。ラグーザ玉はイタリアで高い評価を受けましたが、日本で活動していた女性洋画家たちは、日本国内で評価されることはほとんどありませんでした。

　戦前の日本では、**日本画は女子が身につけるべき教養とされ、花嫁修業として学ぶことが許されていましたが、西洋画は男性のものと考えられていたのです。**女性洋画家の三岸《みぎし》節子《せつこ》や長谷川春子《はせがわはるこ》は女性の地位向上を目指して努力を続けましたが、第二次世界大戦が始まると、戦争への協力をめぐって対立し、袂《たもと》を分かつことになってしまいました。

ラグーザ玉がギリシア神話をもとに描いた「エロスとサイケ」。玉は夫とともにイタリアのシチリア島パレルモで過ごし、夫の死後、51年ぶりに日本に帰国しました。

出典：ColBase「エロスとサイケ」（部分）東京国立博物館所蔵

「日本近代絵画の父」と称される黒田清輝が1891（明治24）年に描いた「読書」。フランス留学中に出会った農村の少女をモデルにしています。

出典：ColBase「読書」（部分）東京国立博物館所蔵

※日本最初の美術教育機関。

南画や美人画の分野で女性日本画家が活躍する

近代の美術界は男性が圧倒的に優位でしたが、西洋画よりは日本画の方が女性画家は活躍しやすい状況でした。

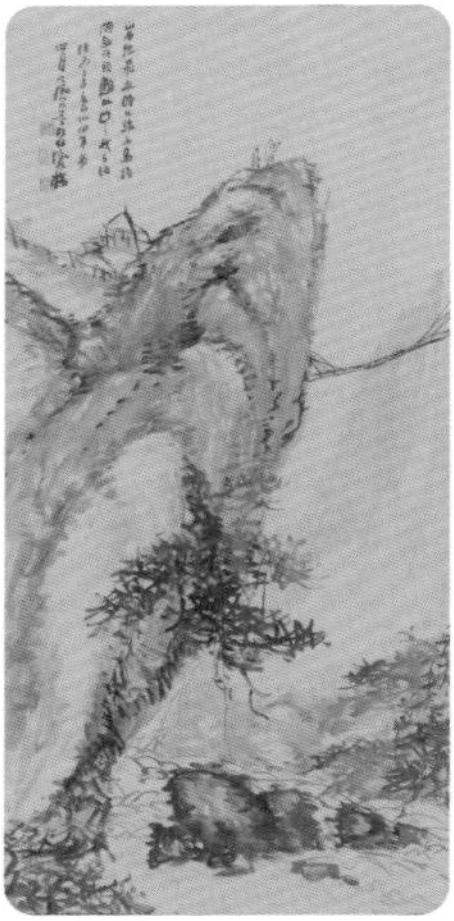

奥原晴湖が描いた「山水」。勢いのある豪快なタッチが特徴です。晴湖は髪を短く刈り込み、生涯、男装を貫きました。男性中心の画壇で生き抜くために、あえて男勝りに振る舞ったものと思われます。

出典：ColBase「山水」東京国立博物館所蔵

南画（↓P224）が隆盛を極めた幕末から明治時代初期にかけては、**奥原晴湖《おくはらせいこ》や野口《のぐち》小蘋《しょうひん》などの女性南画家が、南画界の第一人者と認められました。**

また明治時代には、江戸時代の浮世絵の伝統を受け継いだ「美人画」が発展しました。

上村松園の作品「春宵」で、女将のささやきに微笑する若い芸妓が描かれています。未婚の母であった松園は、世間の冷たい目を浴びながらも育児や家事を自分の母親に委ねて画業に専念しました。

出典：奈良県立美術館所蔵

美人画を代表するのが、女性日本画家・上村《うえむら》松園《しょうえん》です。松園が描く女性は、凛として気品にあふれているのが特徴です。

昭和時代には、片岡球子《かたおかたまこ》や小倉遊亀《おぐらゆき》などの女性日本画家が活躍しました。また、戦後には田中敦子《たなかあつこ》や草間彌生《くさまやよい》などの女性前衛美術作家も登場します。

現在も数多くの優れた女性アーティストが活躍していますが、いまだに「女性ならではの感性」で作品をつくるべきといった偏見が残っています。**美術史を見れば、作品が生み出された時代の流行はあっても、「女性らしい・男性らしい」芸術作品は存在しないことがわかります。**今後、女性アーティストの活躍がさらに広がっていけば、アーティストの性別を意識することなく作品を鑑賞することが常識になっていくでしょう。

おわりに

最新の研究によって、男女に明確な能力・心理の差は存在しないことが明らかになっています。男女がともに自由に好きなことに挑戦できる社会であれば、あらゆる分野で男女の比率は同じくらいになるはずですが、日本では女性政治家や女性役員などが諸外国と比べて少ないのが実情です。また、世界のほとんどのトップスクール（名門大学）では学生の男女比率は半々ですが、日本の名門大学では女子学生の比率が低く、特に理系を選択する女子学生は極端に少ないままです。日本のジェンダーギャップ（男女格差）が世界と比べて大きいことは、本書でくり返し述べてきたことです。

男女格差を解消していくのは簡単ではありません。性別に関する問題は、当事者でないと「他人事」になりやすいことや、「平等（すべてが一様で等しい）」と「公平（偏りやえこひいきがない）」の違いが意識されにくいことなども、解決を難しくしている理由といえます。男性が優遇される社会では、「男女平等」はさらに女性を追いつめることになりかねません。例えば、「子育ては女性がするべき」といった意識が強い社会では、女性は男性と同等の仕事量をこなしながら、家事や育児を担当することになります。そして、負担に耐えきれずに仕事を辞めた女性を見た男性は、「女性は子どもが産まれたらすぐに会社を辞める」「頼りになるのは男性だけ」といった意識をもちやすくなります。男女格差の解消には、社会制度だけでなく、社会意識を変えることが重要です。

ただ、このような昭和的な古い価値観がまだまだ残っているとはいえ、「男女公平な社会を実現するべき」という意識は、数年前とは比較にならないほど大きく広がっていると感じます。こうした歴史の流れの中で、本書は生まれました。女性史の専門家でない私が女性史の本を執筆してよいのかという気持ちは常に抱いていましたが、「専門外の男性」だからこそ読みやすく、「多様性」の実現に貢献できるような本をつくれるのではないかと、自分自身を励ましながら書き上げました。本書を執筆するにあたって、女性史に関する多くの資料を読みましたが、自分も数多くの思い込みをしていたことに気づかされました。例えば、現在の女子学生が卒業式に袴を着るようになったのは、南野陽子さんが主演した映画『はいからさんが通る』の影響とのことで、意外と歴史は浅いようです。ファッションに疎い私はコスプレ的に袴姿を楽しんでいるのだと思っていましたが、実は女学生の袴が女子教育の歴史を象徴するものであったことは、本書の執筆によって初めて知りました。こうした新しい発見は楽しいものです。本書を読んでくださった人にも、新しい発見があったのなら心からうれしく思います。

最後になりましたが、本書の企画実現のために尽力し、いつも的確なアドバイスをしてくださったグラフィック社編集部の荻生彩さんに心から感謝申し上げます。また、デザインの鈴木沙季さんと、イラストのkilldiscoさんにも感謝を伝えたいと思います。

それから、ひとり親家庭でありながら、私をいつも励まし、健やかに育ってくれた息子にも感謝を伝えたいと思います。私たち家族は「標準的」でないかもしれませんが、それも家族の個性だと思います。さまざまな個性の人々が心地よく暮らせる社会こそが、真の「多様性」であると信じています。

2024年6月　飯田育浩

主要参考文献

『新書版 性差の日本史』国立歴史民俗博物館監修・「性差の日本史」展示プロジェクト著（インターナショナル新書）2021年
『歴史を読み替えるジェンダーから見た日本史』久留島典子・長志珠絵・長野ひろ子編（大月書店）2015年
『ジェンダー分析で学ぶ女性史入門』総合女性史学会編（岩波書店）2021年
『時代を生きた女たち新・日本女性通史』総合女性史研究会編（朝日選書）2010年
『史料にみる日本女性のあゆみ』総合女性史研究会編（吉川弘文館）2000年
『日本女性の歴史 性・愛・家族』総合女性史研究会編（角川選書）1992年
『日本女性の歴史 文化と思想』総合女性史研究会編（角川選書）1993年
『日本女性の歴史 女のはたらき』総合女性史研究会編（角川書店）1993年
『女帝の古代王権史』義江明子著（ちくま新書）2021年
『シリーズ日本の中の世界史 買春する帝国―日本軍「慰安婦」問題の基底』吉見義明著（岩波書店）2019年
『ヨーロッパ文化と日本文化』ルイス・フロイス著（岩波文庫）1991年
『土偶を読むを読む』望月昭秀編（文学通信）2023年
『日本史リブレット16 古代・中世の女性と仏教』勝浦令子著（山川出版社）2003年
『日本教育史―教育の「今」を歴史から考える―』山本正身著（慶應義塾大学出版会）2014年
『女性差別はどう作られてきたか』中村敏子著（集英社新書）2021年
『近世史講義―女性の力を問いなおす』高埜利彦編（ちくま新書）2020年
『ジェンダーで読み解く江戸時代』桜井由幾・長野ひろ子・菅野則子編（三省堂）2001年
『戸籍が語る古代の家族』今津勝紀著（吉川弘文館）2019年
『三くだり半と縁切寺 江戸の離婚を読みなおす』高木侃著（吉川弘文館）2014年
『夫婦別姓―その歴史と背景』久武綾子著（世界思想社）2003年
『女性労働の日本史―古代から現代まで』総合女性史学会・辻浩和・長島淳子・石月静恵編（勉誠出版）2019年
『歴史の中の多様な「性」日本とアジア 変幻するセクシュアリティ』三橋順子著（岩波書店）2022年
『女装と日本人』三橋順子著（講談社現代新書）2008年

『謹訳 源氏物語 一～十』林望著（祥伝社）2013年
『知識ゼロでも楽しく読める！源氏物語 イラスト&図解』竹内正彦監修（西東社）2023年
『論点・日本史学』岩城卓二・上島享・河西秀哉・塩出浩之・谷川穣・告井幸男著（ミネルヴァ書房）2022年
『お産の歴史―縄文時代から現代まで』杉立義一著（集英社新書）2002年
『フェミニズムってなんですか』清水晶子著（文春新書）2022年
『トランスジェンダー入門』周司あきら・高井ゆと里著（集英社新書）2023年
『「身体を売る彼女たち」の事情―自立と依存の性風俗』坂爪真吾著（ちくま新書）2018年
『女性官僚の歴史：古代女官から現代キャリアまで』総合女性史学会編（吉川弘文館）2013年
『女武者の日本史』長尾剛著（朝日新書）2021年
『氏名の誕生―江戸時代の名前はなぜ消えたのか』尾脇秀和著（ちくま新書）2021年
『日本文学史序説 上』加藤周一著（筑摩書房）1975年
『日本 その心とかたち』加藤周一著（スタジオジブリ）2005年
『教養としての日本古典文学史』村尾誠一著（笠間書院）2022年
『はじめて学ぶ 日本女性文学史［古典編］』後藤祥子・今関敏子・宮川葉子・平舘英子編著（ミネルヴァ書房）2003年
『はじめて学ぶ 日本女性文学史［近現代編］』岩淵宏子・北田幸恵編著（ミネルヴァ書房）2005年
『伊藤野枝集』森まゆみ編（岩波文庫）2019年
『佐多稲子全集 第二巻』佐多稲子著（講談社）1978年
『女性兵士という難問―ジェンダーから問う戦争・軍隊の社会学』佐藤文香著（慶應義塾大学出版会）2022年
『美術出版ライブラリー 歴史編 日本美術史』山下裕二・髙岸輝監修（美術出版社）2014年
『美術手帖 2021年8月号 特集 女性たちの美術史』（美術出版社）2021年
『日本服飾史 女性編』井筒雅風著（光村推古書院）2015年
「歴史的に見た日本の人口と家族」縄田康光著（参議院事務局）2006年
「近代日本の二重規範―性と家族をめぐる諸相―」菅野聡美著（慶應義塾大学法学研究会）1994年

「江戸時代後期の堕胎・間引きについての実状と子ども観（生命観）」豊島よし江著（了徳寺大学研究紀要）２０１６年
「神道思想の研究―日本古代国家誕生と和の思想―」武光誠著（明治学院大学教養教育センター）２０１８年
「ジェンダー教育と考古学」松本直子著（金沢大学人間社会研究域付属 国際文化資源学研究センター）２０１７年
「日本の博物館におけるジェンダー表現の課題と展望：歴博展示に触れつつ」松本直子著（国立歴史民俗博物館研究報告）２０２０年
「トランスジェンダー（性別越境）観の変容―近世から近代へ（第5回講演）」
三橋順子著（大阪府立大学女性学研究センター）２０１０年
「日本人の化粧に対する意識―女性の化粧義務の解消に向けて―」
山下海・矢野円郁著（神戸女学院大学女性学インスティチュート）２０２０年
「産屋習俗の終焉過程に関する民俗学的研究」板橋春夫著（国立歴史民俗博物館研究報告）２０１７年
「夫婦の氏に関する一考察：子の氏の変更を中心に」黒田樹里著（国士舘大学法学会）２０１８年
「日本古代における女性のライフサイクル：童女・郎女・妻と妾・媼」今津勝紀著（岡山大学文学部）２０１９年
「短大という制度、短大卒という学歴」齋藤英之著（上智短期大学紀要）２００１年
「古墳時代の家族・ジェンダー ―近畿地域の事例を中心として―」中久保辰夫著（女性歴史文化研究所紀要第31号）２０２２年
「全国子ども考古学教室」（特定非営利法人むばんだ応援団 https://kids-kouko.com）
「アジ歴グロッサリー」（国立公文書館 アジア歴史資料センター https://www.jacar.go.jp/glossary/）
「男女共同参画局」（内閣府 https://www.gender.go.jp/index.html）
『ARTnews JAPAN』「見落とされた芸術家たちの美術史」（MUGUS https://artnewsjapan.com/series/The_Overlooked_Artists）

INDEX

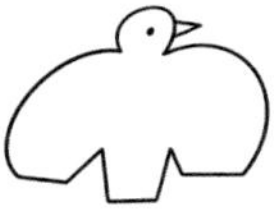

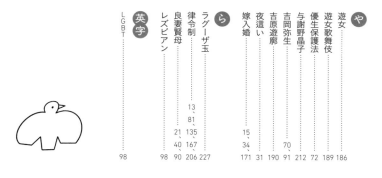

飯田育浩

編集プロダクション浩然社代表。1972年、広島県生まれ。早稲田大学教育学部社会科地理歴史専修卒業後、幅広い分野の編集・執筆に携わり、2014年に浩然社を設立。おもな編集制作物にシリーズ150万部を突破した『超ビジュアル歴史シリーズ』(西東社)などがある。

STAFF

イラスト　killdisco
デザイン　鈴木沙季(細山田デザイン事務所)
DTP　茂呂田 剛(M&K)
編集　荻生 彩(グラフィック社)

日本の女性・ジェンダーの
いちばんわかりやすい歴史の教科書

2024年6月25日　初版第1刷発行

著者　飯田育浩
発行者　津田淳子
発行所　株式会社グラフィック社
〒102-0073
東京都千代田区九段北1-14-17
TEL 03-3263-4318(代表)　FAX 03-3263-5297
https://www.graphicsha.co.jp/
印刷・製本　図書印刷株式会社

定価はカバーに表示してあります。
乱丁・落丁本は、小社業務部宛にお送りください。小社送料負担にてお取替え致します。

ISBN 978-4-7661-3856-6　C0036